Henryk M. Broder
Hurra, wir kapitulieren!

Henryk M. Broder

Hurra,
wir kapitulieren!

Von der Lust am Einknicken

wjs

Für mich, zum Sechzigsten

»An appeaser is one who feeds a crocodile,
hoping it will eat him last.«

Winston Churchill

Um ein Haar wäre auch ich ein Terrorist geworden. Alle
Voraussetzungen waren gegeben. Meine Eltern hatten beide unter abenteuerlichen Umständen den Krieg überlebt,
fielen sich nach der Befreiung in die Arme und setzten
mich in die Welt. Sie waren in höchstem Maße traumati-
siert und ich diente ihnen als Beweis, dass es ein Leben
nach dem Überleben geben konnte. Entsprechend waren
ihre Erwartungen, die ich nicht erfüllen konnte. Wollte ich
keinen Spinat essen, bekam ich zu hören:»Was hätten wir
dafür gegeben, wenn es im Lager Gemüse gegeben hätte!«
Weigerte ich mich, mir die Haare schneiden zu lassen, erzählten sie, wie wichtig die Hygiene im Lager war und
dass eine einzige Kopflaus den Tod bedeuten konnte. Kam
ich nach Mitternacht nach Hause, war eine Geschichte
über die Sperrstunde im Ghetto fällig. Ging ich mit den
falschen Bräuten aus – richtige gab es nicht, weil alle deutschen Väter in der SS gedient hatten –, schrien sie mich
an:»Und dafür haben wir überlebt?«
  Aber auch nachdem meine Eltern mich einigermaßen in
Ruhe ließen, hörten die Demütigungen und Erniedrigun-
gen nicht auf. Beim Völkerball blieb immer ich übrig; die
Mannschaft, die mich abbekam, konnte gleich einpacken.
Bei den »Bundesjugendspielen« bekam ich nicht einmal

einen Trostpreis fürs Mitmachen, und die ersten Erfahrungen mit den Mädels waren so verheerend, dass sie sogar den Liegesitzen in meinem Opel Kadett peinlich waren.

Ich lief durch die Gegend, und das Gefühl, das mich antrieb, war Wut: auf meine hysterischen Eltern, die blöden Pauker und auf meine Freunde, die sich meine Armstrong-Platten ausliehen und dann die Mädchen nach Hause brachten, mit denen ich zur Party gekommen war. Ich ärgerte mich dermaßen, das ich eine Gastritis bekam, die mich erst verließ, als sich ersatzweise Asthma einstellte. Während andere noch den Umgang mit Kondomen lernten, wusste ich schon über psychosomatische Krankheiten Bescheid.

Warum ich trotz alledem nicht auf die Idee gekommen bin, Terrorist zu werden, kann ich mir rückblickend schwer erklären. Ich las »Die Verdammten dieser Erde« von Frantz Fanon und »Die Massenpsychologie des Faschismus« von Wilhelm Reich, die Schriften von Horst Eberhard Richter und Margarete Mitscherlich kannte ich zum Glück nicht.

Ich wäre der idealtypische Amokläufer gewesen: Kind einer dysfunktionalen Familie, einsam, verzweifelt, frustriert und geladen wie ein Fass mit Dynamit auf der Bounty. Jeder Sozialarbeiter hätte seine Freude an mir gehabt, jeder Therapeut wäre glücklich gewesen, mich behandeln zu dürfen. Das »M« in meinem Namen stand nicht für »Modest«, sondern für »mildernde Umstände«. Was mir freilich fehlte, war der Drang, mich an der Welt zu rächen. Es gab noch kein Internet und keine Videokameras, und ich wäre nicht in der Lage gewesen, jemandem den Kopf abzuschlagen, weil mir schon im Biologieunterricht beim Sezieren eines Regenwurms schlecht wurde.

Da ich nicht Terrorist werden konnte, blieb mir nichts anderes übrig, als Journalist zu werden. Das ist kein sehr angesehener Beruf, er rangiert sogar noch unter dem des Terroristen. Ein Terrorist kann mit Verständnis der Gesellschaft rechnen, damit, dass ihm bei einer Festnahme nicht nur seine Rechte vorgelesen, sondern auch umgehend Mutmaßungen über seine Motive angestellt werden: Warum er gar nicht anders handeln konnte und warum nicht er, sondern die Gesellschaft für seine Taten verantwortlich ist.

Ich gebe zu, ich bin ein wenig neidisch auf die Terroristen. Nicht nur wegen der Aufmerksamkeit, die sie erfahren, sondern wegen der idealistischen Motive, die ihnen unterstellt beziehungsweise zugesprochen werden. Wer ein Auto klaut und damit einen Menschen an einer Kreuzung totfährt, der ist ein Verbrecher. Wer sich mit einer Bombe im Rucksack in einem Bus in die Luft sprengt und andere Passagiere mitnimmt, der ist ein Märtyrer, ein gedemütigter, erniedrigter, verzweifelter Mensch, der sich nicht anders zu helfen wusste. Worum ich die Terroristen am meisten beneide, ist der Respekt, der ihnen gezollt wird. Haben sie einmal bewiesen, wozu sie imstande sind, betreten Experten den Tatort und erklären, man dürfe sie nicht noch mehr provozieren, man müsse mit ihnen reden, verhandeln, sich auf Kompromisse einlassen und ihnen helfen, das Gesicht zu wahren. Nur so könne man sie zur Vernunft bringen und Schlimmeres verhüten.

Dieses Verhalten nennt man Appeasement. Davon handelt dieses Buch.

Vor zehn Jahren, im Frühjahr 1996, war die Welt noch weitgehend in Ordnung. Die Türme des World Trade Centers dominierten die Skyline von Manhattan, der amerikanische Präsident hatte ein Problem mit einer Praktikantin, in Deutschland neigte sich die Ära Kohl ihrem Ende zu, die Intellektuellen vertrieben sich die Zeit mit Debatten, ob Francis Fukuyama mit seiner Behauptung vom »Ende der Geschichte« richtig lag und ob der Kapitalismus wirklich gesiegt oder der Sozialismus nur einen Probelauf verloren hatte. So genannte »Ehrenmorde« kamen nur im tiefsten Anatolien vor, die feinsinnige Unterscheidung zwischen Islam und Islamismus war noch nicht erfunden und in Berlin sprach sich das Bezirksamt von Spandau für den Abriss von zwei Oberstufenzentren aus – nicht weil die Lehrer vor gewalttätigen Schülern kapituliert hatten, sondern weil die Gebäude asbestverseucht waren.

Man musste schon sehr genau hinschauen, um die ersten Anzeichen einer heraufkommenden Krise zu bemerken: In Berlin spielte die Theatergruppe »Rote Grütze« ein Aufklärungsstück mit dem Titel »Was heißt hier Liebe?« Es richtete sich naturgemäß an Jugendliche im kritischen Alter. Um sie auf das Stück aufmerksam zu machen, wurden an Schulen Plakate verteilt, auf denen ein Junge und ein Mädchen zu sehen waren. Sie standen da, als wären sie einem bayerischen Biologiebuch entsprungen, nackt und voller Unschuld.

Die Schulen hatten kein Problem damit, die Plakate aufzuhängen, bis eine Schulrätin aus dem Bezirk Tiergarten eine Genehmigung des Berliner Landesschulamtes verlangte. Diese wurde verweigert. Das Plakat, entschied die Behörde, wäre dazu angetan, »die Gefühle islamischer Schüler« zu verletzen.

Das Landesschulamt handelte präventiv, aus überzogener Fürsorge gegenüber einer kulturellen Minderheit, die noch nicht in der permissiven Gesellschaft angekommen war. Weder hatten sich islamische Schüler über eine Verletzung ihrer Gefühle beklagt noch deren Eltern über die unsittliche Anmache beschwert.

Heute, zehn Jahre später, hat das Landesschulamt ganz andere Sorgen: Schulen mit einem achtzigprozentigem Anteil an »Schülern mit Migrationshintergrund«, wo SchülerInnen mit deutschem bzw. christlichem Hintergrund in der Minderheit sind und deswegen als »Schlampen«, »Nutten« und »Schweinefleischfresser« angepöbelt werden; Schüler aus durchaus intakten Familien mit »Migrationshintergrund«, die noch nicht strafmündig aber schon wegen gefährlicher Körperverletzung und Hehlerei aufgefallen und ohne zu zögern in der Lage sind, eine Diskussion mit einer Lehrerin mittels eines gezielten Faustschlags für sich zu entscheiden; Eltern, die ihre Töchter weder am Schwimm- noch am Verkehrsunterricht teilnehmen lassen, weil sie um deren Unschuld fürchten.

Das Thema heißt »Gewalt an den Schulen«, und das nur drei Jahre, nachdem Zehntausende von Berliner Schülern den Unterricht schwänzten, um an Demonstrationen gegen den Einmarsch der Alliierten im Irak teilzunehmen. Hieß es damals »No blood for oil« und »Gewalt ist keine Lösung!«, so müssen die Lehrer heute froh sein, wenn die Schüler nur mit Schlagringen statt mit Messern zum Unterricht kommen.

Das Landesschulamt und der Schulsenator könnten sich glücklich preisen, wenn sie heute nur über ein Plakat zu einem Aufklärungsstück entscheiden müssten. Denn die Situation hat sich vollkommen geändert. Das Einzige, das gleich geblieben ist, ist die Entschlossenheit, die Gefühle der Moslems nicht zu verletzten. Nur dass es inzwischen nicht um Berliner Schüler mit »Migrationshintergrund« geht, sondern um 1,5 Milliarden Moslems in aller Welt, die chronisch zum Beleidigtsein und unvorhersehbaren Reaktionen neigen. Es geht um Meinungsfreiheit, den Kern der Aufklärung und der Demokratie, und um die Frage, ob Respekt, Rücksichtnahme und Toleranz die richtigen Mittel im Umgang mit Kulturen sind, die sich ihrerseits respektlos, rücksichtslos und intolerant gegenüber allem verhalten, das sie für dekadent, provokativ und minderwertig halten, von Frauen in kurzen Röcken über Häresie und Religionsfreiheit bis hin zu Karikaturen, von denen sie sich provoziert fühlen, ohne sie gesehen zu haben.

Mitte September 2005 schreibt die Redaktion der dänischen Tageszeitung »Jyllands-Posten« die Mitglieder des dänischen Verbandes der Zeitungskarikaturisten an und lädt sie ein, an einem Wettbewerb teilzunehmen. Jeder soll den Propheten Mohammed so zeichnen, wie er ihn sieht. Vorausgegangen war eine Diskussion über die Grenzen der Meinungsfreiheit, Selbstzensur und Berührungsangst vor dem Islam in Dänemark, wo etwa 200 000 Moslems inmitten von 5,5 Millionen christlichen Dänen leben. So hatten die Übersetzer eines Buches der holländischen Islamdissidentin Ayaan Hirsi Ali darauf bestanden, anonym zu bleiben, während ein dänischer Imam, der der Muslimischen Bruderschaft nahe steht, vom dänischen Ministerpräsidenten Rasmussen verlangte, dafür zu sorgen, dass die Presse religiöse Themen nicht abfällig behandle. Was dann passierte, haben die »Jyllands-Posten«-Redakteure John Hansen und Kim Hundevadt in einem detaillierten Protokoll festgehalten. Ich gebe deren Darstellung zusammengefasst wider.

Am 30. September erscheinen zwölf Karikaturen im Kulturteil von »Jyllands-Posten«, begleitet von einem Artikel des Kulturchefs Flemming Rose. Er schreibt unter anderem: »Einige Muslime lehnen die moderne, säkularisierte Gesellschaft ab. Sie beanspruchen eine Sonderbehandlung, wenn sie auf eine spezielle Rücksichtnahme auf eigene religiöse Befühle bestehen. Das ist unvereinbar mit einer westlichen Demokratie und Meinungsfreiheit, angesichts derer man sich damit abfinden muss, zur Zielscheibe von Hohn und Spott zu werden oder sich lächerlich machen zu lassen.«

Die Karikaturen selbst sind von einer erschütternden Harmlosigkeit. Nur eine fällt aus dem Rahmen, als hätte der Zeichner eine Vorahnung gehabt. Sie zeigt nicht den Propheten Mohammed, sondern einen kleinen Jungen namens Mohammed, der auf eine Tafel schreibt: »Die leitenden Redakteure von ›Jyllands-Posten‹ sind ein Haufen reaktionärer Provokateure.«

Der Abdruck löst zunächst eine Diskussion unter den in Dänemark lebenden Muslimen aus, wie man reagieren sollte. Die einen möchten laut protestieren, die anderen lieber nichts unternehmen, um keinen Skandal zu provozieren, der auf die Muslime zurückfallen würde. Ein fundamentalistischer Imam, der schon mit der Feststellung aufgefallen ist, Frauen seien »ein Instrument des Satans gegen Männer«, gewinnt den internen Machtkampf um die richtige Strategie. Er stellt ein Komitee auf, das die Ehre des Propheten wiederherstellen will. Die dänische Regierung soll verklagt, islamische Gelehrte in aller Welt mobilisiert und Demos organisiert werden. Bei »Jyllands-Posten« treffen derweil die ersten Morddrohungen ein. Am 14. Oktober demonstrieren 3000 Moslems nach dem Freitagsgebet auf dem Rathausplatz von Kopenhagen.

Allmählich kommt Leben in die Sülze. Die ägyptische Botschafterin in Kopenhagen fordert im Namen ihrer moslemischen Kollegen in einem Brief an den dänischen Ministerpräsidenten, er soll die »notwendigen Schritte« unternehmen, um eine Schmähung des Islam zu verhindern. Rasmussen antwortet, es sei nicht seine Aufgabe, Journalisten zu maßregeln und weigert sich, die empörten Botschafter zu einem Gespräch zu empfangen. Worauf Ägyptens Außenminister, der noch eine alte Rechnung mit Rasmussen zu begleichen hat, die Arabische Liga und die »Organization of the Islamic Conference« (OIC) dazu bewegt, sich einzuschalten. Was die OIC will, hat sie schon 1990 in einer »Deklaration der Menschenrechte« verkündet: »Alle haben das Recht, ihre Meinung frei auf eine Weise auszudrücken, die der Scharia nicht zuwiderläuft.« Man will die Gunst der Stunde nutzen, um den Geltungsbereich der Scharia über die islamischen Staaten hinaus zu erweitern. Die westlichen Staaten sollen genötigt werden, ihre Form der Meinungsfreiheit der Scharia anzupassen.

Im Herbst 2005 reist eine Delegation dänischer Muslime in die moslemische Welt, die Rundreise wird von der ägyptischen Regierung gesponsert. Im Gepäck der Imame befindet sich eine Dokumentation, die zwölf Karikaturen aus »Jyllands-Posten« enthält, dazu drei weitere Zeichnungen, die ein paar Zacken schärfer sind: der Prophet als pädophiler Teufel, mit Schweineohren und beim Sex mit einem Hund.

Woher die drei Zugaben stammen, wer sie gemacht beziehungsweise gefunden hat und wie sie in die Dokumentation geraten sind, ist bis heute ungeklärt. Irgendjemand muss ein wenig nachgeholfen haben, um die Reaktionen zu optimieren. Prompt schreiben die Zeitungen in den arabischen Ländern, dänische Medien hätten Mohammed als Schwein dargestellt, die Rede ist von 120 Zeichnungen und davon, dass die dänische Regierung hinter allem stecke.

Der ägyptische Außenminister sorgt dafür, dass die Dokumentation im Dezember 2005 beim Gipfeltreffen der OIC in Mekka verteilt wird. Dänemark gerät immer mehr unter Druck und auch im Lande ändert sich die Stimmung. Noch im November fanden es 57 Prozent der Dänen richtig, die Karikaturen zu drucken, 31 Prozent hielten es für einen Fehler. Doch je heftiger die Proteste ausfallen, umso mehr Dänen äußern Verständnis für die Reaktionen der Muslime.

Im Januar 2006 kommt es zu einer weiteren Eskalation. Die Moslems feiern Eid al-Adha, das Opferfest zum Abschluss der Pilgerfahrt nach Mekka. Über 100 Millionen Moslems in aller Welt werden per Satellit aufgerufen, sich der »Kampagne gegen den Propheten Mohammed« zu widersetzen. Saudi-Arabien macht sich zum Vorreiter der beleidigten Massen. Dass zeitgleich in Mekka 362 Pilger totgetrampelt werden, tut der antidänischen Stimmung keinen Abbruch. Einflussreiche Prediger drohen Dänemark mit einem Boykott, falls die Regierung nicht doch noch »hart« gegen die Urheber der Mohammed-Karikaturen vorgeht.

Am 30. Januar 2006 treffen sich die Außenminister der EU in Brüssel. Einige sind der Meinung, Dänemark habe die Gelegenheit, den Konflikt selbst zu lösen, verpasst; der luxemburgische Außenminister spricht nicht nur für sein Land, als er erklärt, die ganze Sache sei »eher ein dänisches als ein europäisches Problem«; die österreichische Außenministerin geht noch weiter: »Äußerungen und Handlungen, die eine Religion auf anstößige Weise herabsetzen, sollten klar verurteilt werden.«

Auch die USA lassen ihren dänischen Verbündeten im Stich. Im Laufe eines einzigen Tages gebrauchen drei Sprecher des State Department Adjektive wie »inakzeptabel«, »verletzend« und »anstößig«. Die Botschaft kommt bei den Moslems an. Der Großmufti von Jerusalem sagt in einem Interview: »Dänemark ist ein leichtes Opfer, ein kleines Land, das keinerlei entscheidende Bedeutung für die arabischen Länder hat. Deshalb macht sich niemand etwas daraus, dass die Proteste weitergehen.«

Der 3. Februar wird zum »Tag des Zorns« ausgerufen. Überall, wo Moslems leben, sind die Mohammed-Karikaturen Thema der Freitagsgebete. Millionen von Moslems, die keine Gelegenheit hatten, auch nur einen Blick auf die Zeichnungen zu werfen, und die nicht einmal wissen, wo Dänemark liegt, demonstrieren gegen die Kränkung des Propheten, angefeuert von Imamen, die eine eigene Agenda haben. Sie sehen den »Tag des Zorns« als eine Chance, die Umma zu formieren – die islamische religiöse Nation, die alle Muslime umfasst, unabhängig davon, wo sie leben und welcher Glaubensrichtung sie angehören. Einer der Wortführer sagt es ganz ungeniert: »Die ganze Umma soll zornig sein und sich erheben, um ihren Zorn auch zu zeigen ... Wir sind keine Nation von Eseln, wir sind eine Nation von Löwen.« Ein anderer berichtet auf Al-Dschasira von angeblichen Plänen extremistischer Dänen, den Koran auf dem Rathausplatz von Kopenhagen verbrennen zu wollen.

Solche Meldungen sind es, die den aufgehetzten Massen den letzten Kick geben. In Damaskus werden die Botschaften Dänemarks und Norwegens angezündet, in Beirut brennt die dänische Botschaft ab, in Teheran fliegen Brandbomben in die dänische Vertretung, in Nigeria werden dänische und norwegische Fahnen verbrannt, ebenso in Algerien.

Es sieht aus, als hätte die islamische Welt nur ein Problem, das ihr zu schaffen macht: die dänischen Mohammed-Karikaturen. Die vielen Menschen, die jeden Tag im Irak Opfer von Terroranschlägen werden, sind dagegen keinen Protest und keine Aufregung wert. Und wäre früher der Angriff auf eine Botschaft noch ein Kriegsgrund gewesen, so bemühen sich nun die betroffenen Staaten um »Deeskalation«. Die Opfer üben sich in Demut und bitten die Täter um Nachsicht. Nur nicht weiter provozieren, die Irren könnten böse werden!

Die dänische Firma Arla Foods, die einen erheblichen Teil ihrer Produkte in moslemische Länder exportiert, schaltet in 25 führenden arabischen Zeitungen Anzeigen, in denen sie sich von den Mohammed-Karikaturen distanziert. Nach einigen Wochen ebben die Proteste ab. Nur für die zwölf Zeichner der Karikaturen gibt es kein Zurück zum normalen Leben. Über 150 Todesdrohungen können nicht einfach ignoriert werden. Ende April verlangt Osama Bin Laden die Auslieferung der Zeichner, die er vor ein islamisches Gericht stellen möchte. Dass sie ihm nicht trauen und das Angebot nicht annehmen, beweist wieder einmal, wie wenig Respekt die Vertreter des dekadenten Westens für die berechtigten Anliegen der gekränkten Moslems empfinden.

Der Karikaturenstreit, schreiben Hansen und Hundevadt, »hat vorerst mit einer Dreiviertelniederlage der Islamisten geendet«. Ihre Forderung nach einer vorbehaltlosen Entschuldigung und neuen Regeln im Umgang mit islamischen Symbolen wurde nicht erfüllt. »Aber sie haben zugleich einen Viertelsieg errungen: Alle, die nicht zum Selbstmord neigen, werden in Zukunft extravorsichtig auftreten, wenn sie sich dem Thema Islam nähern.«

Und sie resümieren: »Der Karikaturenstreit war allerdings nur die erste Runde. In den nächsten Jahren wird es mehrere ähnliche Kämpfe über Werte geben. Sie müssen sich nicht genauso gewaltig abspielen. Aber sie haben das Potenzial, sich noch explosiver zu entwickeln.«

Der Karikaturenstreit war objektiv ein Sturm im Wasserglas, subjektiv eine Machtdemonstration und im Kontext des »Kampfes der Kulturen« eine Probe für den Ernstfall. Die Moslems haben bewiesen, wie schnell und effektiv sie Massen mobilisieren können, und der freie Westen, der sonst bei jedem Hakenkreuz auf einer Hauswand »Wehret den Anfängen!« ruft, hat gezeigt, dass er der islamischen Offensive nichts entgegenzusetzen hat – außer Angst, Feigheit und der Sorge um seine Handelsbilanz. Nun wissen die Islamisten, dass sie es mit einem Papiertiger zu tun haben, dessen Gebrüll nur vom Band kommt.

Auf einer Islamisten-Demo in London wurden Plakate getragen, die an Deutlichkeit nichts zu wünschen übrig ließen. »Kill those who insult Islam!«, »Europe you will pay – 9/11 is on its way«, »To hell with freedom!«. Dabei hatte nicht eine englische Zeitung es gewagt, eine der Karikaturen nachzudrucken. Die Demonstranten empörten sich vom Hörensagen, wie Taube über ruhestörenden Lärm. Der britische Außenminister Jack Straw nannte die Veröffentlichung der Karikaturen »unnötig, unsensibel, respektlos und falsch«; der »Observer« versprach: »Erhöhte islamische Sensibilität ist etwas, dem wir in Zukunft werden Rechnung tragen müssen«, der »Daily Telegraph« äußerte angesichts der Krawalle vor seiner Haustür »Respekt vor dem Islam, dieser reinsten und abstraktesten aller monotheistischen Religionen«, und auch die »Times« schrieb sich ihre Zurückhaltung schön: »Dies ist kein Appeasement sondern verantwortlicher Umgang mit dem Recht auf freie Rede.«

Auch die Reaktionen in Deutschland zeigten, wie dünn das Eis ist, auf dem die Trommler und Fahnenschwenker der viel gerühmten »Zivilgesellschaft« ihre Runden drehen. Günter Grass sprach von einer »bewussten und geplanten Provokation eines konservativen dänischen Blattes« und nannte die gewalttätigen Ausschreitungen der Moslems eine »fundamentalistische Antwort auf eine fundamentalistische Tat«.

Grass gab sich nicht damit zufrieden, eine Äquidistanz zwischen den dänischen Karikaturisten und dem rasenden Mob herzustellen – wobei der Mob insofern in einer moralisch überlegenen Position war, weil er nur reagierte –, er fällte gleich ein Grundsatzurteil: »Wir haben das Recht verloren, unter dem Recht auf freie Meinungsäußerung Schutz zu suchen. So lang sind die Zeiten der Majestätsbeleidigung nicht vorbei, und wir sollten nicht vergessen, dass es Orte gibt, die keine Trennung von Staat und Kirche kennen.«

Grass, dessen Auftreten der beste Beweis dafür ist, dass das Recht auf freie Meinungsäußerung jeden Unsinn abdeckt, empfahl außerdem, »sich die Karikaturen einmal näher anzuschauen: Sie erinnern einen an die berühmte Zeitung der Nazi-Zeit, den Stürmer. Dort wurden antisemitische Karikaturen desselben Stils veröffentlicht ...«

Man könnte eine solche Feststellung mit der Seh- und Erinnerungsschwäche eines in die Jahre gekommenen

Herren erklären, der alles, was in der Welt passiert, als Aufforderung begreift, seine ungetrübte Urteilskraft zu beweisen, wenn nicht auch Jüngere ähnlich geredet hätten. Fritz Kuhn, Fraktionschef der Grünen, sagte in einem Gespräch mit der »Welt«, es müsse nun geredet werden »über das Verhältnis der Meinungsfreiheit zu der Verantwortung, die daraus erwächst«, denn: »Manche fühlen sich durch die Karikaturen stigmatisiert. Mich haben sie an die antijüdischen Zeichnungen in der Hitler-Zeit vor 1939 erinnert.«

Kuhn, der als ein intelligenter Realo seiner Partei gilt, hat diesen unsäglichen Satz nie zurückgenommen oder wenigstens relativiert. Und die Grünen, die als Erste auf die Barrikaden der virtuellen Empörung steigen, wenn das Dritte Reich durch unangemessene Vergleiche »verharmlost« wird, haben ihn dafür nicht zur Rede gestellt. Wie denn auch, wenn die Vorsitzende der Grünen, Claudia Roth, in die gleiche Kerbe schlug. Sie mahnte »Besonnenheit statt Kulturkampf« an und stellte fest: »Deeskalation fängt zu Hause an«. In diesem Zusammenhang kritisierte sie den so genannten »Muslimtest« in Baden-Württemberg: »Dieser Test bewirkt, dass Moslems sich stigmatisiert und unter Generalverdacht gestellt fühlen.« Noch ein Schoppen »Kiechlingsberger Teufelsberg« mehr und Claudia Roth hätte behauptet, die Demonstrationen in Jakarta, Damaskus und Teheran richteten sich nicht nur gegen die Karikaturen aus »Jyllands-Posten« sondern auch gegen den Muslimtest in Baden-Württemberg. Auch der junge CDU-Abgeordnete Eckart von Klaeden mahnte: »Wir dürfen keinen Beitrag zur Eskalation leisten.« Union und SPD erklärten separat aber unisono, man müsse »den Dialog mit dem Islam verstärken«, nachdem Demonstranten in Teheran Brandbomben auf die österreichische Vertretung geworfen und gerufen hatten: »Gott ist groß!« und: »Europa, Europa, Schande über dich!«

Die »taz« widersprach der Auffassung, »dass in Europa absolute Meinungsfreiheit herrscht und jede Äußerung erlaubt ist«. Der Beweis kam etwas schmallippig daher: »Insbesondere die Leugnung des Holocaust ist in Europa weitgehend tabu, in Deutschland steht sie sogar unter Strafe. Vielen Muslimen ist da nur schwer vermittelbar, warum ihren Gefühlen nicht die gleiche Rücksicht entgegengebracht wird.« Vielen »taz«-Kommentatoren auch.

So verschieden die Reaktionen im Detail auch ausfielen, allen gemeinsam war, dass sie dem Gefühl der Macht- und Hilflosigkeit entsprangen. Kritische Geister, die gestern noch mit Marx der Meinung waren, Religion sei Opium fürs Volk, fanden plötzlich, man müsse doch Rücksicht nehmen auf religiöse Empfindungen, vor allem, wenn sie von Gewaltakten begleitet werden. Entsprechend dem Marschbefehl von Günter Grass nach den Terrorangriffen vom 11. September (»Der Westen muss sich endlich fragen, was er falsch gemacht hat«), war die westliche »Zivilgesellschaft« das Ziel der Appelle und nicht der Dschungel der Gefühle, aus dem die Gotteskrieger ihre Kraft schöpfen. Die Repräsentanten der Aufklärung reagierten wie Menschen, die von einem Hurrikan bedroht werden. Da sie gegen die Macht der Natur nichts ausrichten können, bunkern sie Vorräte, nageln Fenster und Türen zu und hoffen, dass der Sturm bald vorbei sein möge. Freilich: was bei einer Naturkatastrophe die einzig richtige Option ist, führt bei einer Auseinandersetzung mit Fundamentalisten nur dazu, dass diese immer entschlossener auftreten, weil sie auf keinen Widerstand treffen. Völlig zu Recht halten die islamischen Fundamentalisten den Westen für schwach, dekadent und nicht einmal bedingt abwehrbereit. Wer als Reaktion auf Geiselentführungen und Enthauptungen, auf Massaker an Andersgläubigen, auf Ausbrüche kollektiver Hysterie mit der Forderung nach einem »Dialog der Kulturen« reagiert, der hat es nicht besser verdient.

Die »Deeskalation im eigenen Haus«, die Claudia Roth als Indikation gegen den Terror empfiehlt, ist längst in vollem Gang. Die Internationale Gesellschaft für Menschenrechte in Frankfurt hat »zur Besonnenheit im Streit um die Mohammed-Karikaturen« aufgerufen. Jede Provokation müsse vermieden, auf weitere Abdrucke verzichtet werden. Denn es gehe um das Schicksal der Christen in islamischen Ländern. »Der Streit um die Meinungsfreiheit dürfe nicht auf dem Rücken derer ausgetragen werden, die als Unbeteiligte potenzielle Opfer radikaler Islamisten werden.«

Auch hier wieder dieselbe Godzilla-Logik. Man sollte das Monster nicht reizen, seine allzeit ausbruchsbereite Aggressivität nicht auf eine Belastungsprobe stellen. Statt sich der bedrängten Christen in den islamischen Ländern anzunehmen und die Welt auf deren Leiden aufmerksam zu machen, hält es der deutsche Zweig der Internationalen Gesellschaft für Menschenrechte für den besseren Weg, Karikaturisten und Journalisten zur Zurückhaltung zu ermahnen.

Das ist so irre, dass man es für einen Witz von Harald Schmidt halten könnte, wenn nicht sogar er, der weder Polen noch Frauen, noch Homosexuelle mit seinem Spott verschont, auch der Meinung wäre: »Wir müssen deeskalieren«, und, wie Kofi Annan es empfiehlt, »hineintreten in das Gespräch«.

Auch das PEN-Zentrum deutschsprachiger Autoren im Ausland, die genau wissen müssten, wohin Appeasement führt, mag kein Risiko eingehen. Es verurteilt »aufs Schärfste die gewalttätigen Ausschreitungen aufgeputschter Massen in verschiedenen Teilen der Welt«, erinnert aber zugleich daran, »dass Freiheit auch freiwillig geübte Zurückhaltung einschließt«, und ruft dazu auf, »den kritischen Dialog statt der vorsätzlichen Provokation zu suchen« – jedem das Seine eben.

Schöner und diplomatischer hätte es auch Altkanzler Schröder nicht sagen können. Zu Besuch beim Dschiddah-Wirtschaftsforum in Saudi-Arabien bezeichnete er die Veröffentlichung der Mohammed-Karikaturen als »großen Fehler« und rief die Europäer zu »größerem Verständnis für die Gefühle der Muslime« auf. Schröder war so damit beschäftigt, Verständnis für die verletzten Gefühle der Moslems einzufordern, dass er nicht dazu kam, seine Gastgeber zu bitten, auf den hübschen Brauch der freitagnachmittäglichen öffentlichen Hinrichtungen und Handamputationen zu verzichten, um die Gefühle der Gegner der körperlichen Züchtigung, die es sicher auch in Saudi-Arabien gibt, nicht zu verletzen.

Während Schröder in Saudi-Arabien Verständnis für die Gefühle der Muslime einforderte, sorgte der Psychoanalytiker Horst-Eberhard Richter für Deeskalation in der Etappe. Er gab »Spiegel online« ein Interview, in der er unter anderem sagte: »Der Westen sollte alle Provokationen unterlassen, die Gefühle von Erniedrigung und Demütigung hervorrufen. Wir sollten die kulturelle Identität der islamischen Länder mehr achten ... Für die Muslime ist wichtig, als ebenbürtig anerkannt und gewürdigt zu werden.« Was die islamischen Völker bräuchten, wäre »eine Partnerschaft auf gleicher Augenhöhe«.

Welche Provokationen der Westen unterlassen sollte und wie eine Partnerschaft auf gleicher Augenhöhe konkret aussehen könnte, sagte Richter nicht. Er blieb, wie es so seine Art ist, im Allgemeingültigen stecken. Sollen, um auf gleiche Augenhöhe zu kommen, eigene Abteile für Frauen in Bussen eingerichtet werden, wie das in Saudi-Arabien der Brauch ist? Soll das Heiratsalter für Mädchen auf elf Jahre gesenkt werden, wie es im Iran der Fall ist? Soll für Ehebruch die Todesstrafe durch Steinigen eingeführt werden, wie es die Scharia verlangt? Was könnte der Westen noch unternehmen, um seinen Respekt vor der kulturellen Identität der islamischen Länder zu bekunden? Oder würde es reichen, Horst-Eberhard Richter von Fall zu Fall darüber entscheiden zu lassen, ob der Tatbestand der Provokation erfüllt ist, zum Beispiel dann, wenn in Herne ein Wet-T-Shirt-Contest stattfindet, durch den sich gläubige Moslems in Hyderabad erniedrigt und gedemütigt fühlen könnten?

Peter Scholl-Latour, Islam-, Orient- und Benimm-Experte, behauptete in der »Bild«, »jegliche Darstellung des Propheten Mohammed« sei »von Anfang an im Islam sehr rigoros verboten worden«, was zwar nicht stimmt, aber auch nicht von jedem »Bild«-Leser sofort überprüft werden kann. Scholl-Latour äußerte Verständnis für die Reaktionen der beleidigten Moslems (»Wer den Propheten Mohammed in einer Karikatur lächerlich macht ..., fordert die Moslems extrem heraus«) und kam dann auf seine Sensibilität zu sprechen: »Und als gläubiger Katholik sage ich: Wenn man im Fernsehen oder in der Zeitung die christliche Religion derart verhohnepipelt, schockiert mich das auch zutiefst.«

Auch Franz Josef Wagner fühlte sich dem beleidigten Propheten schon zu Lebzeiten solidarisch verbunden: »Wenn wir sterben, wollen wir weiterreisen. Als Christ, als Muslim, als Buddhist – ich will weiterreisen und nicht verlacht werden wie Mohammed.« (Als Jude bin ich Franz Josef Wagner sehr dankbar, dass er mich auf seinen postmortalen Exkursionen nicht dabei haben will.)

Das »Neue Deutschland«, traditionell der Idee einer Erziehungsdiktatur verpflichtet, gab einem Anfall von Schadenfreude nach: »Wie wir gelernt haben, besitzen die Dänen zuweilen einen seltsamen Humor, der sie dieses Mal aber teuer zu stehen kommen könnte, wenn das kleine Königreich nach der kulturellen Großtat blasphemischer Mohammed-Bilder zum ›Schurkenstaat‹ für über eine Milliarde Muslime mutiert.«

Der »Vorwärts« der SPD, der im Laufe seiner Geschichte öfter als jede andere deutsche Zeitung verfolgt und verboten wurde, stellte in fröhlicher Umkehr von Ursache und Wirkung fest, »bei der seltsamen Fehde, die die rechtspopulistische Zeitschrift Jyllands-Posten mit ihren fahrlässigen Mohammed-Karikaturen losgetreten hat«, gehe es um mehr als nur die Pressefreiheit: »Selbstverständlich hat Jyllands-Posten ... das Recht auf freie Meinungsäußerung. Man muss aber unterscheiden zwischen einem Recht und dem moralischen Gebrauch dieses Rechts. Jyllands-Posten missbraucht die Pressefreiheit, nicht im rechtlichen, aber im politisch-moralischen Sinne.«

Die Diskussion darüber, welche blasphemischen Provokationen *wir* unterlassen sollten, damit *sie* sich nicht gekränkt fühlen, führt zwangsläufig in das Reich des Absurden. Dürfen fromme Juden von Nicht-Juden den Verzicht auf Schweinefleisch verlangen? Und mit Sanktionen drohen, wenn ihre Forderung nicht erfüllt wird? Darf ein Hindu Amok laufen, weil die Schweizer die Heiligkeit und Unantastbarkeit der Kuh nicht anerkennen? Wer Moslems das Recht einräumt, sich darüber zu empören, dass die Dänen sich nicht an ein islamisches Verbot halten, von dem nicht einmal feststeht, dass es tatsächlich existiert, muss solche Fragen mit einem klaren Ja beantworten. Und schließlich auch Analphabeten erlauben, Buchhandlungen zu verwüsten, denn in einer Welt, in der sich jeder gekränkt und gedemütigt fühlen darf, darf auch jeder entscheiden, welche Provokation er nicht hinnehmen mag.

»Keine Zeitung braucht sich dafür zu entschuldigen, dass sie das islamische Bilderverbot nicht beachtet, auch nicht in Bezug auf Mohammed, so wenig sich jemand von uns dafür zu entschuldigen hat, dass er Schweinefleisch gegessen hat, obwohl das für Muslime und Juden ein Gräuel ist. Weil wir keine Muslime sind, gelten spezifisch islamische Verbote für uns nicht«, schreibt der

Theologe Richard Schröder, um diese klare Aussage gleich wieder zu relativieren: »Doch ohne Not eine Religionsgemeinschaft zu beleidigen, ihre religiösen Gefühle zu verletzen, ist moralisch nicht zu rechtfertigen. ›Ohne Not‹ ist dabei entscheidend ...« Eine »Provokation um der Provokation willen« sei moralisch nicht zu rechtfertigen. »Allein dafür, für die Provokation ohne Not, für einen Freiheitsgebrauch ohne Umsicht, sollte sich jene Zeitung entschuldigen.« Bei wem? Bei ihren dänischen Lesern, die an den Karikaturen keinen Anstoß genommen haben, oder bei den Moslems in aller Welt, die an etwas Anstoß nahmen, das sie nicht gesehen hatten?

Der Karlsruher Philosoph Peter Sloterdijk, der schon den 11. September »zu den schwer wahrnehmbaren Kleinzwischenfällen« der Geschichte kleingeredet hatte, rückte auch den Karikaturenstreit in die richtige Perspektive: »Was auf der Langzeitagenda steht, ist die Europäisierung des Islam, nicht die Islamisierung Europas.« Das ist das Tröstliche an philosophischen »Langzeitagendas«: Sie funktionieren wie die Voraussagen der Klimaforscher, man kann es sich aussuchen, ob man in 1000 Jahren eine neue Eiszeit erleben oder unter Palmen am Nordpol sonnenbaden möchte. Kurzfristig dagegen muss man die »Arroganz« bekämpfen, die sich »in den reichen und entwickelten Ländern entwickelt (hat), die keinen Respekt mehr vor anderen Kulturen kennt«, sagt Kardinal Renato Martino, Leiter des päpstlichen Rates »Justitia et Pax«.

Das ist eine überraschende Einsicht, vor allem wenn sie von einem leitenden Mitarbeiter des Vatikans geäußert wird. Ein Beleg für die Arroganz, die keinen Respekt vor anderen Kulturen kennt, sind die rund 2000 Moscheen, die es allein in der Bundesrepublik gibt, während in Saudi-Arabien schon der Besitz einer Bibel ein unkalkulierbares Risiko bedeutet. Weitere Belege der Arroganz sind der »Karneval der Kulturen« in Berlin, die schwullesbischen Straßenfeste in den europäischen Metropolen und das »Wort zum Sonntag« im Programm der ARD vom 11. 2. 2006, gesprochen von Burkhard Müller. »Der Islam ist eine großartige Religion«, sagte der Gottesmann nur wenige Minuten, nachdem in den »Tagesthemen« brennende Fahnen, verwüstete Botschaften und Gotteskrieger zu sehen waren, die »Tod den Ungläubigen« schrien. Wenn das nicht eine auf die Spitze getriebene Form der Arroganz war. In Afghanistan dagegen äußert sich der Respekt vor anderen Kulturen unter anderem darin, dass ein zum Christentum konvertierter Moslem nur dann der Todesstrafe entkommt, wenn er sich selbst für verrückt erklären lässt.

Woher kommt die Entschlossenheit, Tatsachen zu leugnen oder sie so zurechtzubiegen, dass sie den Blick auf die Wirklichkeit versperren? Aus Angst. Angst mag ein schlechter Ratgeber sein, aber als Mittel der Massenerziehung gibt es nichts Besseres. »Bestrafe einen, erziehe hundert«, hat schon Mao gesagt und mit Hilfe dieser Regel seine Macht konstituiert.

Es ist nicht der Respekt vor anderen Kulturen, der das Verhalten der Menschen bestimmt, sondern das Wissen um die Rücksichtslosigkeit der Fanatiker, mit denen man es zu tun hat. Je wilder und brutaler sie auftreten, umso eher verschaffen sie sich Gehör und Respekt. Ob es sich dabei um eine Gang aus dem Nachbarviertel handelt oder um eine fremde Kultur, spielt dabei keine Rolle, man geht dem Ärger lieber aus dem Weg.

Nach den Angriffen der Islamisten auf dänische Einrichtungen hielten es deutsche Karnevalisten für angebracht, auf islamkritische Motive im Jahre 2006 zu verzichten. Der Düsseldorfer Wagenbauer Jacques Tilly, der sich in den vergangenen Jahren nicht scheute, christliche Kirchen und deren Würdenträger zu verspotten, riet gegenüber Moslems zur Zurückhaltung: »Es hat keinen Sinn, blinde Wut zu erzeugen!« Der Präsident des Comitees Düsseldorfer Carnevals gab ungeniert zu, man wolle wegen der nicht absehbaren Folgen auf provokante Darstellungen des Islam verzichten. Andere Karnevalisten, die nicht namentlich genannt werden wollten, erklärten: »Man will doch nicht so enden wie dieser Filmemacher in Holland!«

Keine Bedenken hatten die rheinischen Frohnaturen noch ein Jahr zuvor, den Kölner Kardinal Meisner als einen Inquisitor zu zeigen, der einen Scheiterhaufen anzündet, auf dem eine Frau festgebunden ist, die abgetrieben hat.

Wie geschmackvoll oder geschmacklos diese Darstellung auch war, die Jecken konnten sicher sein, dass der Kardinal ihnen nicht nach dem Leben trachten würde. Großen Gratismut bewiesen auch die Mainzer Spaßmacher mit einem Wagen, auf dem Angela Merkel zu sehen war, die mit Hilfe einer Leiter Uncle Sam beziehungsweise George Bush anal penetriert. 2006 wurden andere Prioritäten gesetzt.

Mitte Februar berichtete die »Mainzer Allgemeine Zeitung« von einem Vorfall in der Mainzer »Römerpassage«, wo ein Aktivist des Mainzer Carneval Clubs seinen »Kokolores« unter das närrische Volk streute. Dabei fiel auch der Satz: »Wenn Muslime zu Allah die Hände hoch falte / doch im Sinne des Glaubens uns für Dumme nur halte ...« Ein »zufällig vorbeikommender Muslim« griff daraufhin nach dem Mikrofon und wetterte »lautstark gegen den angeblich ehrverletzenden und die Religion beleidigenden Vortrag«.

Nach diesem Vorfall waren die MCC-Leute so »besorgt«, dass sie umgehend einen dicken Schaumteppich ausrollten und Erklärungen abgaben. Es gehöre zur Tradition der Mainzer Fastnacht, dass »Toleranz gegenüber Andersdenkenden groß geschrieben« werde; man habe den Islam nicht beleidigen wollen, es sei bedauerlich, dass der närrische Vortrag »aus dem Zusammenhang gerissen worden« sei. Der Manager der »Römerpassage« betonte, man habe »besonnen« auf den Vorfall reagiert und bot sich an, »vor einer größeren Gruppe friedliebender Muslime die Inhalte der Mainzer Fastnacht zu erklären«. Und in Karnevalistenkreisen wurde darüber diskutiert, »wie weit Satire gehen darf« und »ob religiöse Gefühle der Menschen schützenswerter sind« als die Meinungsfreiheit.

In Mainz hatten sich die militant friedliebenden Muslime durchgesetzt, ohne eine einzige Fahne verbrannt zu haben. Die Gewissheit, sie wären dazu bereit und imstande, reichte bereits. In Köln, wo auf der alternativen »Stunksitzung« ein Selbstmordattentäter persifliert wurde, war der stellvertretende Bürgermeister der Stadt über den Sketch tief besorgt – damit rücke man den Dschihad und die Hamas in ein schlechtes Licht.

Auch eine junge Schweizerin, die an der Düsseldorfer Kunstakademie studiert, beugte sich der Androhung von Gewalt. Ihre Skulptur mit dem Namen »Aggression« bestand aus einer Miniatur-Moschee, deren Minarette wie Raketen aussahen. Nachdem sie mehrere Drohanrufe erhalten hatte, zog sie die Skulptur aus der Werkschau der Akademie zurück.

So entstand innerhalb weniger Wochen eine Kultur der Angst, des Bedauerns und der Entschuldigung, wie sie Deutschland noch nie erlebt hatte. Von Franz Josef Wagner bis Harald Schmidt, von Peter Scholl-Latour bis Roger Willemsen, von Bischof Huber bis Kardinal Lehmann stand die formierte Gesellschaft wie ein Mann da, fest entschlossen, jede Kränkung der Muslime abzufangen, noch bevor sie die Adressaten erreicht hatte.

In Lüdinghausen, einer Kleinstadt bei Münster in Westfalen, kam es Ende Februar zu einem Prozess gegen einen 61-jährigen Rentner, der Toilettenpapier mit dem arabischen Schriftzug »Koran, der heilige Qur'an« bedruckt und die Blätter verschickt hatte. Keine sehr geschmackvolle Aktion, aber auch nicht geschmackloser als vieles, was auf der Kasseler Documenta folgenlos präsentiert wird. Die Verhandlung fand vor einem großen Aufgebot an Reportern aus dem In- und Ausland statt, von denen die meisten den Namen Lüdinghausen noch nie gehört hatten. Um der Sache das nötige Gewicht zu geben, wurde die Anklage von einem Oberstaatsanwalt aus Münster vertreten. Nachdem sich der Richter, der Ankläger und der Verteidiger im Richterzimmer auf einen Deal verständigt hatten, wurde der Angeklagte wegen Verstoßes gegen den Paragrafen 166 StGB zu einer einjährigen Freiheitsstrafe verurteilt, die zur Bewährung ausgesetzt wurde. Wer in Brandenburg einen Ausländer krankenhausreif schlägt, wird in der Regel auch nicht härter bestraft.

»Das Verfahren war ein Geschäft, nichts weiter«, sagte der Übeltäter, nachdem alles vorbei war. Der Richter gab zu, dass nicht nur rechtliche Überlegungen eine Rolle gespielt hatten: »Die Bedeutung hat sich erheblich gesteigert durch die weltpolitische Lage«, und der Oberstaatsanwalt aus Münster erklärte, es sei »ein deutliches Zeichen nach außen gesetzt worden«. Bis auf den Verurteilten waren alle am Prozess Beteiligten zufrieden. Mit dem kleinen Bauernopfer hatte das Schöffengericht von Lüdinghausen Schlimmeres verhindert, seinen Respekt vor dem Islam bewiesen und für Ruhe und Ordnung in der Stadt gesorgt.

Eine etwas andere Erfahrung machten die Betreiber eines Bordells in Köln, die auf einem 8 mal 24 Meter großen Superposter zur WM (»Die Welt zu Gast bei Freundinnen«) neben einer leicht bekleideten Blondine die Fahnen der Teilnehmer-Nationen präsentierten, darunter auch die des Iran und Saudi-Arabiens. Kaum hing der optische Gruß an der Hauswand, tauchten vermummte und bewaffnete Gestalten in dem Etablissement auf. Die Botschaft wurde verstanden. Um weiteren Ärger zu vermeiden, ließ die Geschäftsführung des Hauses die beiden Fahnen übermalen. Eine Sprecherin der Kölner Polizei äußerte die »Vermutung«, bei den vermummten und bewaffneten Gestalten könnte es sich um Moslems gehandelt haben, die sich »in ihren religiösen Gefühlen verletzt« gefühlt hätten. Damit war der Beitrag der Polizei zur Aufklärung des Vorfalls, den man auch als Nötigung und Verstoß gegen das Vermummungsverbot interpretieren könnte, bereits geleistet. Immerhin war geklärt, dass weder Angehörige der Heilsarmee noch der Naturfreundejugend als Täter in Frage kamen.

Auch die Sparkasse Mainfranken kam noch einmal mit einem blauen Auge davon. Sie hatte 30 000 Bälle an Kinder im Großraum Würzburg verteilen lassen, auf denen – wie auf dem Kölner Puff-Poster – die Fahnen aller 32 WM-Teilnehmer zu sehen waren. Was die Würzburger Weltbürger nicht wussten, war, dass auf der saudi-arabischen Fahne das muslimische Glaubensbekenntnis steht: »Ich bezeuge, dass es keinen Gott gibt außer Gott. Und Mohammed ist sein Prophet.« Es darf im Wind flattern, »aber wenn damit rumgekickt wird, haben wir als Muslime ein bisschen Probleme damit«, erklärte der Vorsitzende des Internationalen Islamischen Forums und der Islamischen Gemeinschaft in Würzburg. Worauf sich die Sparkasse Mainfranken umgehend bei der islamischen Gemeinschaft entschuldigte.

Eine öffentliche Entschuldigung fiel vollkommen aus dem Rahmen. Erstaunlicherweise wurde über sie in keiner deutschen Zeitung berichtet, obwohl sie sehr umfassend war. Zu lesen war sie nur im Internet, auf der Website www.danishmuhammedcartoons.com:

»We're sorry we gave you shelter when war drove you from your home country...

We're sorry we took you in when others rejected you...
We're sorry we gave you the opportunity to get a good education...
We're sorry we gave you food and a home when you had none...
We're sorry we let you re-unite with your family when your homeland was no longer safe...
We're sorry we never forced you to work while WE paid all your bills...
We're sorry we gave you almost FREE rent, phone, internet, car and school for your 10 kids...
We're sorry we build you Mosques so you could worship your religion in our Christian land...
We're sorry we never forced you to learn our language after staying 30 years!...

And so... from all Danes to the entire Muslim world, we just wanna say: FUCK YOU!!«

»I am here to defend the right to offend!«

Im Herbst 2005 kam die Zeitschrift »HEEB – The New Jew Review« mit einer »Sex Issue« auf den Markt. HEEB erscheint vierteljährlich in New York, im Impressum des Magazins stehen Namen wie Maxwell, Honikman, Baruchowitz, Feinstein, Schwartzman, Liebman und Deutsch. Lauter Juden (und Jüdinnen) der jüngeren Generation, die nicht religiös, dafür aber sehr bewusst »jüdisch« in der säkularen Bedeutung des Wortes sind. HEEB artikuliert diese Haltung, indem es das Jüdische betont, zugleich aber ständig ironisiert. Ein Artikel (»Bigmouth Strikes Again«) geht der Frage nach, ob jüdische Frauen deswegen von Natur aus großmäulig sind, damit sie »blow jobs« besser applizieren können. Die Autorin des Beitrags bringt auch ihre eigenen Erfahrungen ein: »The first time I tasted semen it reminded me slightly of my grandmothers chicken soup – opaque, salty and slightly chunky.« Die Hühnersuppe ist fester Bestandteil der jüdischen Folklore; unabhängig davon, um welches Thema es geht, kommt man beziehungsweise frau immer auf das »jüdische Penicillin« zu sprechen. Der Beitrag wird mit einem Comic illustriert: »The Hebrew Hummer: An Oral History«. Im ersten Bild sieht man Adam und Eva unter einem Baum stehen. Adam zeigt auf sein Feigenblatt und sagt zu Eva: »You like serpents so much, why don't you give mine a kiss?« Dann geht es über Maimonides, Sabbatai Zwi und Rosa Luxemburg in die Gegenwart: Im Zuge der Revitalisierung alter Rituale wird auch der »blow job« zur »geheiligten Kunst jüdischer Weiblichkeit« erhoben.

Kernpunkt der »Sex Issue« ist ein zwölfseitiger Cartoon: »Dirty Pictures From The Holy Scriptures«. Zu sehen sind unter anderem David und Jonathan als schwules Liebespaar, König Salomon und Königin Saba in einer eindeutigen Situation, Abraham und Sara bei der primären Begegnung und Moses, der mit den Gesetzestafeln im Arm vom Berg Sinai kommt, während die Israeliten eine wilde Orgie feiern.

Und jetzt stellen wir ein kleines Gedankenexperiment an. Wir stellen uns vor, ein paar jüdische Fundamentalisten, die in direktem Kontakt mit Gott stehen, hätten als Reaktion auf diese Provokation die Redaktion von HEEB gestürmt und verwüstet und allen, die es wagen sollten, die »Dirty Pictures From The Holy Scriptures« nachzudrucken, Konsequenzen angedroht, egal ob cs Juden, Christen, Moslems, Arier oder Vegetarier wären. Wie hätten in einem solchen Falle die Platzwarte des Feuilletons reagiert? Was hätte Ernst A. Grandits in der »kulturzeit« auf 3sat gesagt? Oder Günter Grass am Rande einer PEN-Tagung über »Schreiben in einer friedlosen Welt«? Sie und alle anderen wären außer sich gewesen. Grandits und Grass würden sagen: Fromme Juden hätten das Recht, sich zu empören und zu protestieren, aber sie hätten kein Recht, ihre Vorstellungen anderen mit Gewalt aufzuzwingen. Ebenso inakzeptabel wäre es, wenn sie versuchen würden, ihre Nachbarn am Schabbat vom Autofahren, Fußballspielen oder Fernsehen abzuhalten.

Derselbe Sturm der Entrüstung wäre auch ausgebrochen, wenn ein katholischer Moraltheologe die katholische Landjugend dazu aufgerufen hätte, eine Vorstellung von Sasha Waltz in der Schaubühne zu stürmen, weil sie ihre Tänzer unbekleidet auftreten lässt. Hätte in einem solchen Fall Günter Grass voller Verständnis von einer »fundamentalistischen Antwort auf eine fundamentalistische Tat« gesprochen und die Reaktion der katholischen Jugend auf die nackte Provokation verteidigt? Hätte der SPD-»Vorwärts« geschrieben, Sasha Waltz habe zwar die künstlerische Freiheit, ihre Tänzer mit oder ohne Kleider auftreten zu lassen, sie würde allerdings diese Freiheit »missbrauchen, nicht im rechtlichen, aber im politisch-moralischen Sinne«?

Nein, so etwas wäre mit hundertprozentiger Sicherheit nicht passiert. Warum aber ist es passiert, nachdem Moslems in der ganzen Welt, von Jakarta bis London, von Islamabad bis Lagos, gegen den Abdruck der zwölf Mohammed-Karikaturen in »Jyllands-Posten« Sturm gelaufen sind?

Wieso ist keiner aufgestanden und hat den marodierenden Söhnen Allahs zugerufen: »Jungs, was ihr bei euch zu Hause macht oder nicht macht, ist eure Sache. Ihr müsst kein Schweinefleisch essen und keinen Alkohol trinken, wir sagen euch nicht, wie ihr eure Haustiere behandeln sollt, und was ihr mit euren Frauen und Töchtern anstellt, wollen wir so genau lieber nicht wissen. Aber sagt uns nicht, was wir machen oder nicht machen dürfen, wen wir zeichnen und was wir lesen dürfen. Niemand zwingt euch, Erica Jong zu lesen und die Beatles zu hören. Macht, was ihr wollt. Ihr wollt euch über Jesus und Moses lustig machen? Bitte sehr! Wir lachen mit! Und im Übrigen: Wie könnt ihr es euch leisten, wochenlang zu toben und zu rasen? Habt ihr sonst nichts zu tun? Müsst ihr nicht zwischendurch mal arbeiten? Oder euren Kindern zu Hause bei den Schulaufgaben helfen?«

Aber niemand stand auf und sagte ein paar klare, unmissverständliche Worte an die Adresse der Randalierer. Frankreichs Präsident, Jacques Chirac, vergaß einen Moment, dass er die »Grande Nation« vertritt, die unter anderem auch Voltaire hervorgebracht hat, und dekretierte, dass »alles, was den Glauben anderer, zumal den religiösen Glauben beleidigen könnte, vermieden werden muss«.

Genau 265 Jahre, nachdem Voltaires »Mahomet« in Lille uraufgeführt, und 111 Jahre, nachdem Oskar Panizza für seine Vatikan-Satire »Das Liebeskonzil« von einem königlich-bayerischen Gericht zu einem Jahr Gefängnis verurteilt wurde, wird der »religiöse Glaube« wieder zu einem Gut erklärt, das von staatlichen Instanzen geschützt werden muss. Und die von Natur aus und berufshalber notorisch kritischen Intellektuellen, die sich maßlos darüber aufregen, dass der amerikanische Präsident den Tag mit einem Gebet anfängt, und die »Zensur« schreien, wenn Peter Handke einen Preis nicht bekommen soll, finden es völlig in Ordnung, dass sich Christen, Juden, Hindus, Buddhisten, Konfuzianer, Zarathustraner, Baha'i, Agnostiker und Atheisten an ein »Verbot« halten sollen, das sogar unter Moslems umstritten ist.

Die Gegenstimmen konnte man an den Fingern einer Hand abzählen. Der britische Komiker Rowan Atkinson (»Mr. Bean«) hatte schon vor dem Karikatur-Streit frech postuliert, »das Recht zu beleidigen« sei »sehr viel wichtiger als das Recht, nicht beleidigt zu werden«. Die aus Somalia stammende und in Holland lebende Islam-Kritikerin Ayaan Hirsi Ali schrieb ein Manifest, das mit den Worten begann: »I am here to defend the right to offend.« Ein anderer Moslem, der in Indien geborene, in Pakistan aufgewachsene und in den USA lebende Schriftsteller Ibn Warraq, beschämte mit seinem Appell »Entschuldigt euch nicht!« die auf Appeasement getrimmte europäische Intelligenz. »Ohne das Recht der freien Meinungsäußerung kann eine Demokratie nicht lange überleben – ohne die Freiheit zu diskutieren, unterschiedlicher Meinung zu sein, sogar zu beschimpfen und zu beleidigen. Es ist eine Freiheit, der die islamische Welt so bitter entbehrt und ohne die der ganze Islam ungefochten verharren wird in seiner dogmatischen, fanatischen, mittelalterlichen Burg; verknöchert, totalitär und intolerant.«

Und während ein Leitartikler der sozialliberalen »Frankfurter Rundschau« mühsam und gewunden erklärte, warum die Redaktion beschloss, die Karikaturen nicht zu veröffentlichen – weil man einerseits »die Pressefreiheit verteidigen und praktizieren«, sich aber andererseits »aus dem Fahrwasser eines ›Journalismus‹ fern halten« wollte, »der mit Marketing mehr zu tun hat als mit Information und Dokumentation«, während man also bei der FR stolz darauf war, den Lesern eine Information vorzuenthalten, wagte es der Chefredakteur der jordanischen Zeitung

»Shihan«, die richtigen Fragen zu stellen: »Wer beleidigt den Islam eigentlich mehr? Ein Ausländer, der den Propheten darstellt, oder ein Muslim, der mit einem Sprengstoffgürtel bewaffnet auf einer Hochzeitsfeier in Amman ein Selbstmordattentat durchführt?« Noch bevor ihm irgendjemand antworten konnte, war er schon gefeuert. Wenn es in den tollen Tagen des Karikaturenstreits etwas Tröstliches gab, dann waren es die zwar nicht vielen, dafür aber sehr artikulierten Moslems – Salman Rushdie vorneweg –, die sich zu Wort meldeten, um Freiheiten zu verteidigen, die von ihren europäischen Kollegen bereitwillig aufgegeben wurden.

Wie ist so etwas möglich? Wie kann man das Phänomen der vorauseilenden Kapitulation erklären?

Erst einmal mit dem Argument der Zahl. Gäbe es 1,5 Milliarden Dänen auf der Welt und nur 5,5 Millionen Moslems, wäre es zu keinem Karikaturenstreit gekommen. Jeder Mopedfahrer weicht zur Seite aus, wenn ihm auf seiner Spur ein Schwerlaster entgegenkommt. Das kränkende Gefühl, nachgegeben zu haben, kann er auf zweierlei Art überwinden. Entweder er sagt sich: Der Schwächere gibt nach, oder er idealisiert sein Verhalten: Das sei er dem Fahrer des Lasters schuldig gewesen, der einen viel längeren Bremsweg habe, für seinen Job schlecht bezahlt werde und auf einem Parkplatz übernachten müsse. Da könne man es ihm nicht zumuten, zu viel Rücksicht auf andere zu nehmen ... Der Mopedfahrer erhebt sich über den Trucker, indem er sich in seine viel schlechtere Lage versetzt.

Genau das tun die europäischen Gutmenschen mit den Objekten ihres Mitgefühls. Sie haben für alles Verständnis, was die Underdogs der Geschichte, die Opfer der Globalisierung und die Invaliden des Fortschritts anstellen. In Wirklichkeit aber haben sie nur Angst vor deren Kraft, die von keinerlei Hemmungen gezügelt wird. Hinzu kommt, dass 1,5 Milliarden Moslems einen Markt darstellen, den man nicht ignorieren kann, auch wenn die Kaufkraft des einzelnen eher bescheiden ist. Die Masse macht's. Glaubt irgendjemand, der bis drei zählen kann, die Firmen Nestlé und Ferrero hätten auch dann Anzeigen in großen arabischen Zeitungen platziert, um sich von den dänischen Karikaturen zu distanzieren und darauf hinzuweisen, dass sie für ihre Produkte keine Zutaten aus Dänemark verarbeiten, wenn der arabische Markt so groß wie das Königreich Tuvalu in der Südsee wäre, bewohnt von knapp 12 000 Menschen?

Zum schlichten und doch so gewichtigen Argument der Zahl kommt noch eine Überlegung hinzu: Was war vorher da? Die Henne oder das Ei? Im Falle der Mohammed-Karikaturen würde das heißen: Haben die Karikaturisten auf die mörderischen Aktionen der Islamisten reagiert oder reagieren die Moslems auf die beleidigenden Karikaturen, setzen sich nur zur Wehr, wobei einige ein wenig über das Ziel hinausschießen? Die europäische Appeasement-Fraktion neigt zu der zweiten Lesart: Wir provozieren, sie reagieren. Und fragt sich: Was machen wir nur falsch, dass sie uns so hassen?

Es bleibt ihr auch nichts anderes übrig, denn nur so können sich die Appeaseniks aus der passiven Rolle der Adressaten befreien. Liegt es an uns, dann müssen nur wir unser Verhalten ändern, damit sie aufhören, uns anzugreifen. Läge es an ihnen, könnten wir nichts machen, außer uns wie bei einem Hurrikan verbarrikadieren und beten, dass der Sturm bald vorbeigeht und kein neuer aufkommt.

Mit der scheinlogischen Konstruktion: »Wir sind die Ursache, sie sind die Folge«, bauen wir uns, nicht ihnen, eine Brücke. Was wie eine noble Geste der Selbstbezichtigung aussieht, ist nur ein Akt der Verzweiflung, ein letzter Versuch, der Falle der Passivität zu entkommen.

Auf diese Weise haben auch die Juden lange versucht, den Groll der Antisemiten zu entschärfen. Sie legten die traditionelle Kleidung und ihre Dialekte ab, sprachen ein besseres Deutsch als die meisten Deutschen, richteten wohltätige Einrichtungen ein, meldeten sich freiwillig zum Kriegsdienst. Einige gingen sogar so weit, den Schabbat auf den Sonntag zu verlegen, um zeitgleich mit ihren christlichen Mitbürgern den Gottesdienst zu besuchen. Die Juden bewegten, wandelten und reformierten sich, nur die Antisemiten rührten sich nicht von der Stelle. Im Gegenteil, sie hassten die Juden umso mehr, zuletzt dafür, dass sie so flexibel und so anpassungsbereit waren. Es dauerte eine Weile, bis die Juden begriffen, dass es ihnen nicht hilft, sich bei den Antisemiten anzubiedern, weil der Antisemit sich nicht daran stört, was der Jude macht oder unterlässt, sondern daran, dass es ihn gibt. Manche, von Noam Chomsky bis Uri Avnery, haben die Lektion noch nicht begriffen und bieten sich den Antisemiten weiterhin als Sachverständige und Zeugen dafür an, was die Juden (beziehungsweise inzwischen Zionisten) alles falsch machen und warum es politisch

richtig und moralisch berechtigt ist, Juden beziehungsweise Zionisten nicht zu mögen.

Zu welchen Exzessen die Freunde der Appeasement-
Politik heute imstande sind, macht am deutlichsten immer wieder Günter Grass klar. Anlässlich der Bewerbung
Lübecks zur Kulturhauptstadt Europas schlug er vor, eine
Lübecker Kirche zur Moschee umzuwidmen. Das wäre
»eine große Geste«, dazu angetan, die Beziehungen zu
den Moslems und zugleich die Chancen Lübecks bei der
Wahl zur Kulturhauptstadt zu verbessern. »Wieder einmal hatte G. G. den G-Punkt seiner Klientel stimuliert«,
schrieb daraufhin Günther Latsch im »Spiegel«, »die im
Bestreben, nicht intolerant zu scheinen, einen Maso-
chismus pflegt, der der Selbstaufgabe nahe kommt.«

Da es in der Bundesrepublik mehr als 2000 Moscheen
gibt, hätte G. G. wenigstens ein kleines Geschäft auf
Gegenseitigkeit anregen können: Wir wandeln eine Lübecker Kirche in eine Moschee um, wenn zugleich eine
Moschee in Riad in eine Kirche umgewandelt wird. Aber
so weit mochte Grass nicht gehen, die Idee hätte ihm als
Ausdruck »islamophober Arroganz« angekreidet werden
können.

Und so schlug er zwei Mücken mit einer Klappe. Er
machte einen pompösen Vorschlag, von dem er genau
wusste, dass er umsonst und vergeblich war, und er sorgte für die Zukunft vor. Sollte es zu einem Terroranschlag
in der Bundesrepublik kommen, wird Grass aufstehen
und sagen: Hätte man damals auf mich gehört und eine
Kirche in eine Moschee umgewandelt, wäre es nicht so
weit gekommen! Wieder werden *wir* schuld sein, dass *sie*

so handeln mussten. Und so wird, egal, was passiert, Günter Grass immer Recht behalten.

Es kann nicht oft genug darauf hingewiesen werden, dass Appeasement für das Bemühen dasteht, sich in einer schier ausweglosen Situation ein Minimum an Beweglichkeit zu bewahren. Nachgeben ist immer noch besser als Nichtstun. Das hat sicher auch der britische Außenminister Neville Chamberlain gedacht, als er 1938 mit Hitler das Münchener Abkommen aushandelte, bei dem die Tschechoslowakei dem Frieden geopfert wurde. Der Deal hielt nicht lange vor, ein Jahr später war der Krieg da, aber Chamberlain konnte sich damit trösten, wenigstens einen Versuch zu seiner Verhinderung unternommen zu haben. »Du hast keine Chance, aber nutze sie«, sagt Herbert Achternbusch. Das scheint auch die Maxime der Appeaser von heute zu sein.

Freilich: Auch die Gegenseite probiert aus, wie weit sie gehen kann. Die Auseinandersetzung um das Kopftuch war so ein Testlauf. Er endete wie der Ritt über den Bodensee: In einigen Bundesländern wurde den Lehrern an öffentlichen Schulen nicht nur das Tragen des Kopftuchs, sondern auch des Kruzifix und der Kipa verboten. Auf den ersten Blick eine salomonische Entscheidung, die auf dem Grundsatz der Gleichheit vor dem Gesetz beruht, auf den zweiten aber eine Absurdität im Interesse der political correctness. Wenn das Tragen einer Kipa und eines Kruzifix eine unzulässige Provokation ist, dann hätte man sie verbieten müssen, bevor die Debatte um das Kopftuch losging. Ist sie es nicht, dann muss man über das Kopftuch und dessen Sinngebung reden, statt eine

Generaldebatte um religiöse Symbole zu führen. Es käme auch niemand auf die Idee, die synchrone Entwaffnung sowohl der Polizei wie der Unterwelt zu verlangen, um fair zu allen zu sein und die Gefahr bewaffneter Auseinandersetzungen zu bannen.

Im Januar 2006 forderten drei Moslem-Väter von Mädchen an einer Linzer Volksschule die Einführung des Kopftuchs – für Lehrerinnen. Die Forderung löste eine Welle der Empörung aus, Sprecher von Schulbehörden und Parteien nannten sie »Wahnsinn« und »inakzeptabel« und plädierten im Gegenzug für ein allgemeines Kopftuchverbot. Aber das war noch nicht alles. Die moslemischen Väter, zwei Bosnier und ein Tschetschene, weigerten sich, die Lehrerinnen mit »Sie« anzusprechen, weil diese eine solche Anrede »als Frauen nicht verdienten«. Darüber hinaus sollten ihre Töchter nicht an Gesangsauftritten teilnehmen, das sei »Prostitution«. Kein Lehrer habe das Recht zu fragen, warum ein Mädchen nicht am Schwimmunterricht teilnimmt. Und überhaupt, die Lehrer sollten froh sein, so viele islamische Kinder zu haben, »sonst müsste man die Schule zusperren«.

Tatsächlich kommen an der betroffenen Schule drei Viertel der Kinder aus Familien mit einem »Migrationshintergrund«. Die Kinder aus Eingeborenen-Familien sind also in der Minderheit. Insofern war das Verlangen der drei Väter, die Lehrerinnen sollten sich den Bräuchen der Mehrheit anpassen und Kopftuch tragen, nicht unbillig und vermutlich die Folge eines Versäumnisses. Niemand hatte die Moslems bei ihrer Einreise nach Österreich darauf aufmerksam gemacht, dass sie sich mit den österreichischen Sitten und Gebräuchen vertraut machen sollten. Und das Einzige, das sie im Laufe der Zeit begriffen hatten, war, dass man eine zu Zugeständnissen bereite Mehrheit unter Druck setzen kann, wenn man nur energisch genug auftritt.

Der zuständige Landesschulrat warnte vor »radikalen Reaktionen«, weil sie nur »die Gegenseite provozieren« würden. Es müsse vielmehr »gemäßigt, aber deutlich Halt gesagt werden«. Die zuständige Schulinspektorin führte mit einem der Väter ein klärendes Gespräch, bei dem er sich »relativ einsichtig« gezeigt habe.

Relativ einsichtig. Was wohl bedeuten könnte, dass er von seiner Forderung, auch die Lehrerinnen sollten Kopftuch tragen, abgerückt ist und nur noch darauf bestanden hat, dass seine Tochter vom Gesangs- und Schwimmunterricht freigestellt wird.

Eine Gesellschaft, die Appeasement als Integrationspolitik versteht und keinesfalls die Gegenseite provozieren möchte, lädt dazu sein, sich erpressen zu lassen. Ein Redaktionsleiter des SWR berichtete Anfang April in der »Neuen Zürcher Zeitung« darüber, »wie militante Milieus aufklärenden Journalismus behindern«, wobei die Ankündigung schon Teil des Problems war, denn mit »militanten Milieus« waren natürlich nicht radikale Müsli-Esser oder allein erziehende Lesben gemeint, sondern Moslems, die ihre sehr speziellen Vorstellungen von Meinungsfreiheit sehr rabiat artikulierten.

Anlass und Hintergrund des NZZ-Artikels war eine Dokumentation »Terror gegen Christen«, die am 12. März in der ARD ausgestrahlt werden sollte. Es ging um die Lage der arabischen Christen im Heiligen Land, die sich zunehmenden Repressionen ausgesetzt sehen, diesmal nicht von den Israelis, sondern von ihren moslemischen Brüdern. Kurz vor der geplanten Ausstrahlung, so der SWR-Redakteur, hätten sich bei ihm »christliche Geistliche und Laien aus Bethlehem« gemeldet und ihn dringend darum gebeten, den Film nicht zu zeigen, da die interviewten Personen nun, nach dem Sieg der Hamas, »um Leib, Leben oder zumindest Besitz« fürchten müssten.

Nachdem er »Kollegen aus Bethlehem, Jerusalem und Tel Aviv« angerufen und sich überzeugt hatte, dass die Befürchtungen berechtigt waren, wurde der Film zurückgezogen. In einer Presseerklärung des SWR hieß es dazu: »Für uns besitzt der Schutz von Interviewpartnern, die vertrauensvoll mit uns zusammengearbeitet haben, oberste Priorität.«

Dies, schrieb der SWR-Mann in der NZZ, sei »kein Einzelfall« gewesen. Er berichtete von zwei ähnlichen Fällen. In dem einen ging es um das Porträt einer deutschen Muslima (»Allahs deutsche Tochter«), in dem anderen um »das spannungsreiche Verhältnis zwischen koptischen Christen und Muslimen in Ägypten«. Nachdem die ägyptische Polizei das Rohmaterial beschlagnahmt und den ägyptischen Co-Produzenten zeitweise verhaftet hatte, wurde aus der geplanten »kritischen Bestandsaufnahme« ein »zeitloser Kulturfilm«. »Der Not und dem Materialmangel gehorchend, machte er aber genau dort die Augen zu, wo man sie hätte weit aufreißen müssen: vor dem Konflikt zwischen Kopten und Muslimen.«

Immerhin: Der Film »Terror gegen Christen« wurde Monate später doch noch gesendet, umgearbeitet und versteckt im Nachtprogramm der ARD.

Unter solchen Bedingungen von einem »Dialog der Kulturen« zu sprechen, der »auf gleicher Augenhöhe« geführt werden muss, ist ein Witz. Wenn die eine Seite immerzu beleidigt ist und die andere allzeit bereit, solchen Aufwallungen nachzugeben, kann man sich nur noch zu einer gemeinsamen Geburtstagsfeier für den Propheten Mohammed treffen, am Palmsonntag in einer evangelischen Kirche in Bochum, und von den Gemeinsamkeiten schwärmen, die es zwischen Christen und Moslems geben soll. Alles, das über solche Exzesse der praktizierten Harmlosigkeit hinausgeht, ist gefährlich.

Nachdem ein Badenser Lateinlehrer die Arbeit einer Schülerin, in der auch ein Mohammed-Kupferstich aus dem 17. Jahrhundert abgebildet war, auf seiner »Latein-Pagina« ins Netz gestellt hatte, wurde er von einer Organisation namens »Muslim&Recht« aufgefordert, die Zeichnung von der Seite zu entfernen und sich zu entschuldigen. Er ignorierte die Aufforderung und gab erst nach, als der Ton der E-Mails schärfer und ultimativer wurde. Dafür wurde er zum WDR nach Köln eingeladen, in die Sendung »Hart aber fair«, wo man über den Karikaturenstreit diskutierte, freilich ohne dass der Gegenstand der Debatte gezeigt wurde.

Als der Lehrer von seiner Erfahrung berichtete, wurde auch die Mohammed-Zeichnung gezeigt, allerdings so »verpixelt«, dass man nichts erkennen konnte. Seitdem steht das senderinterne Kürzel »haf« nicht für »hart aber fair« sondern für »hart aber feige«.

Wie man es richtig machen muss, so dass alle etwas davon haben und niemand sich beleidigt fühlt, das führte ausgerechnet RTL 2 mit einer Dokumentation aus der Reihe »Das Experiment – 30 Tage Moslem« vor. Eine 26-jährige Studentin, Stefanie, die vom Islam kaum mehr weiß, als dass die »Männer mehrere Frauen haben dürfen, aber Frauen nur einen Mann«, zieht für 30 Tage bei den Osmans ein, einer kinderreichen moslemischen Familie aus Ägypten, die seit vielen Jahren in Berlin lebt. Vater Mahmud arbeitet als Taxifahrer, seine Frau macht den Haushalt, die Kinder gehen auf die Schule oder arbeiten. Es sind herzliche Menschen, die ihren deutschen Gast mit orientalischer Gastfreundlichkeit empfangen. »Diese Berliner Familie lebt in der besten aller Parallelwelten«, schreibt die »Welt«, die Söhne sind zwar Machos, die der Mütter im Haushalt nicht mithelfen, und die Töchter dürfen nicht allein in die Disko, aber davon abgesehen ist alles in Ordnung.

Stefanie hat sich für ihr »Experiment« eine besondere Zeit ausgesucht, Ramadan, den Fastenmonat. Sie steht im Morgengrauen auf, um mit den Osmans zu frühstücken, und fastet dann bis zum Sonnenuntergang, sie legt den Minirock ab und zieht ein Kopftuch zum langen Kleid an, kurzum: Sie lebt 30 Tage lang wie eine Muslima und findet alles aufregend, cool und spannend. Am Ende fällt ihr der Abschied von den Osmans schwer, sie gehören »zu den friedlichsten und liebevollsten Menschen«, die sie je getroffen hat.

Der Film ist nicht so kitschig, wie es die Inhaltsangabe vermuten lässt, was vor allem daran liegt, dass die Osmans sympathische Menschen sind, die mit einer erstaunlichen Selbstsicherheit vor der Kamera agieren. Sie fühlen sich wohl in ihrem »Kairoer Barock« mitten in Berlin, und Stefanie fühlt sich wohl bei ihnen.

Leider beruht der Film auf einem Gedankenfehler: Wenn man eine moslemische Familie nicht als Exoten vorführen, sondern einen Beitrag zur Integration von Ausländern leisten wollte, hätte man eine junge Muslima in eine deutsche Familie schicken müssen. Damit sie das Kopftuch ablegen, das lange Kleid gegen einen Minirock tauschen und ausprobieren kann, wie es sich in einer deutschen Familie lebt.

Weil das aber nicht möglich ist, weil keine moslemische Familie sich auf so ein Experiment einlassen würde, das den Marktwert der Tochter ruinieren könnte, wurde es andersherum inszeniert. Das war zwar sinnlos, zeigte aber, wie Integration nach den Regeln des Appeasements funktioniert: Eine junge deutsche Frau zieht sich ein Kopftuch an und verwandelt sich in eine Muslima. Eine junge Muslima, die ihr Elternhaus verlässt, um »wie eine Deutsche« zu leben, riskiert es dagegen, vom Familienrat zum Tode verurteilt zu werden.

Die RTL 2-Dokumentation »Das Experiment – 30 Tage Moslem« wurde im Mai 2006 mit dem Civis Fernsehpreis ausgezeichnet – für TV-Beiträge, »die das friedliche Zusammenleben in Europa fördern«.

»Ein persönliches, inoffizielles und vertrauliches Gespräch«

Zu den Übungen, an die wir uns inzwischen so gewöhnt haben, dass wir sie kaum noch wahrnehmen, gehört die ständige Unterscheidung zwischen »Islam« und »Islamismus«. Der Islam ist gut, eine Religion des Friedens, der Islamismus ist böse, eine militante Bewegung, die den friedlichen Islam missbraucht. Aber irgendwie hängen beide natürlich doch zusammen, der Islam und der Islamismus. Man könnte vermuten, wenn das nicht schon wieder eine Provokation wäre, dass es sich um eine Paarung wie »Alkohol« und »Alkoholismus« handelt: In kleinen Portionen sehr gut verträglich und anregend, in größeren Mengen gefährlich und schädlich, weil das Bewusstsein benebelt wird. Deswegen spricht man ja auch von »Alkoholmissbrauch«. Es scheint, als würde es sich in beiden Fällen vor allem um eine Frage der Dosierung handeln.

Wohl aus dieser Überlegung heraus hat das Bundesamt für Verfassungsschutz in Zusammenarbeit mit dem Presse- und Informationsamt der Bundesregierung eine Ausstellung in Berlin organisiert, die sich um eine saubere Trennung der beiden Termini bemühte: »Die missbrauchte Religion – Islamisten in Deutschland«.

Auf den ersten Blick keine schlechte Idee, auch wenn man sich fragen könnte, ob es wirklich zu den Aufgaben der Bundesregierung gehört, Ausstellungen über Islamisten zu veranstalten, statt sie des Landes zu verweisen, was natürlich viel mühsamer ist, weil diese – wie der Kölner Kalif Mehtin Kaplan – den ganzen Rechtsweg ausschöpfen, was viele Jahre dauern kann. Man könnte sich außerdem auch fragen, an wen sich eine solche Ausstellung überhaupt richtet: An die friedliebenden Moslems (die man nicht immunisieren muss), an die gewaltbereiten Islamisten (die sich nicht immunisieren lassen) oder an das deutsche Publikum, das sich angesichts der Nachrichten über die Aktivitäten der »Islamisten« ab und zu die Frage nach der eigenen Sicherheit stellt und darauf wartet, dass sie von kompetenter Stelle beantwortet wird.

Bei der Eröffnung der Ausstellung hieß es, sie sei dazu angetan, einen guten und umfassenden Beitrag »zur Unterscheidung zwischen Islam und Islamismus« zu leisten. Man wolle einerseits über das »Gefahrenpotenzial«, das von radikalen Islamisten ausgeht, informieren, andererseits einer Dämonisierung des Islam entgegenwirken. »Der Islamismus bedroht nicht nur unsere freiheitlich-demokratische Grundordnung, sondern gleichzeitig auch die friedlichen und toleranten Anhänger der Religion Islam.« Der Islamismus, darüber waren sich alle einig, missbrauche die Religion für seine Zwecke.

Woher der Mann aus dem Innenministerium, der diese Worte sprach, sein Wissen nahm, blieb ungesagt. War der Koran seine Quelle oder der Jahresbericht des Amtes für Verfassungsschutz? Jedenfalls war mit keinem Wort die Rede davon, dass der Islamismus den Islam nicht missbrauchen, sondern ihn wörtlich nehmen könnte, eine

Möglichkeit, die man zumindest bedenken sollte, bevor man sie ungeprüft verwirft.

Das Ganze erinnerte an das Gerede von der »kleinen radikalen Minderheit« vor gut dreißig Jahren, als es galt, die RAF zu isolieren – mit dem Unterschied, dass es damals niemanden gab, der auf der Unterscheidung von »Terror« und »Terrorismus« bestanden hätte. Wobei die Zahl der Toten, die auf das Konto der RAF gingen, geradezu winzig war, verglichen mit der mörderischen Bilanz der Islamisten heute. Je brutaler der Gegner ist, mit dem man es zu tun hat, umso mehr muss man sich bemühen, »sorgfältig zu differenzieren«. Das ist eine besonders subtile Form der Appeasement-Philosophie, die sich unter anderem in der Behauptung artikuliert, man würde friedliche und integrationsbereite Menschen in die Arme der Radikalen treiben, wenn man sie um die Antwort auf ein paar Fragen bittet, bevor sie eingebürgert werden.

Und was für Baden-Württemberg gilt, das gilt auch für den Rest der Welt. Als der französische Innenminister Sarkozy die Veranstalter der allnächtlichen Unruhen in den Pariser Vororten zutreffend »Gesindel« nannte, statt von »sozial benachteiligten Jugendlichen mit Migrationshintergrund« zu sprechen, da handelte er sich umgehend den Vorwurf ein, er würde »Öl ins Feuer« gießen, anstatt die Situation zu deeskalieren.

In den dazugehörigen TV-Berichten sah man dann vermummte Jugendliche vor abgebrannten Autos, die sich empört dagegen verwahrten, als »Gesindel« bezeichnet zu werden, und Sarkozy die Schuld an den Krawallen gaben. Ich wartete nur darauf, dass auch der Porsche oder

der Land Rover eines der Korrespondenten dem aufflammenden Zorn der Deklassierten zum Opfer fiel, damit der Kollege an der Front die Chance bekäme, tief durchzuatmen und seine Berichterstattung zu überdenken.

Was die Palästinenser angeht, die sich in die Luft sprengen müssen, um die Welt auf ihr Schicksal aufmerksam zu machen, oder aus purer Verzweiflung über den ins Stocken geratenen Friedensprozess als lebende Bomben losziehen, so wurde uns lange Jahre vorgegaukelt, dass man die PLO, so korrupt sie auch sein möge, unterstützen müsse, damit die Palästinenser nicht zu der viel radikaleren Hamas überlaufen. So wurde am Ende Yassir Arafat Milliardär und die Hamas übernahm die Autonomiebehörde. Jetzt heißt es, man solle die Hamas unterstützen, damit sie nicht Geld von den Mullahs nehmen müsse, dann würde nämlich alles noch viel schlimmer werden. Noch schlimmer?

Nachdem die Hamas einen Selbstmordanschlag in Tel Aviv als einen »Akt der Selbstverteidigung« gerechtfertigt hatte, schrieb der Kommentator der »Westdeutschen Allgemeinen Zeitung«, es gebe »für den Terror der Hamas keine Rechtfertigung«; dennoch »sollte sich Israel überlegen, woher all der Hass auf palästinensischer Seite kommt«. Die NZZ warnte vor einem Kollaps in den Autonomiegebieten: »Zehntausende von Mitgliedern der palästinensischen Sicherheitskräfte ohne Geld in der Tasche, aber mit der Waffe in der Hand, werden auf der Straße stehen. Die Autonomiebehörde könnte zusammenbrechen. Ein Irak-Szenario steht bereit.« Der Kommentator empfahl, »sich auf das Wagnis einzulassen: Im Gegensatz zur zerstrittenen und von Korruption zerfressenen PLO bietet die Hamas immerhin das Bild einer disziplinierten und fähigen Organisation, die Verpflichtungen eingehen und erfüllen kann«. Es fehlte nicht viel, und der Mann hätte vorgeschlagen, der disziplinierten und fähigen Organisation die Devisen der Schweizer Nationalbank anzuvertrauen.

Die von der EU angedrohten Sanktionen würden nicht die Schuldigen treffen, konnte man in der »Sächsischen Zeitung« lesen. »Bestraft fühlen sich vielmehr zehntausende Palästinenser, die sich auf dem Stimmzettel für die Hamas entschieden haben. Viele von ihnen, die in der Enge der Flüchtlingslager ohne Perspektive leben, treibt das erst recht in die Arme islamistischer Fanatiker.« Für die einfache Frage, warum die bis dahin überwiesenen Milliarden nicht dazu genutzt wurden, die Flüchtlinge aus der Enge ihrer Lager zu holen und ihnen eine Perspektive zu geben, reichte der Platz nicht mehr.

Der für Palästina zuständige Mann bei der »taz« sah die Hamas »mitten in einem tief greifenden Wandel, an dessen Ende die Niederlegung der Waffen und die Anerkennung Israels stehen könnten«. Darüber, wie lange so ein Prozess dauern und wie viele Menschen auf beiden Seiten er das Leben kosten könnte, machte der »taz«-Hellseher keine Angaben. Dafür hatte er Herzerwärmendes aus der jüngsten Vergangenheit anzubieten: »Der letzte Anschlag innerhalb Israels, für den die Hamas verantwortlich zeichnete, fand im September 2004 statt; alle anderen Attentate gingen auf das Konto radikalerer Gruppen.« Das wird den Opfern des letzten von der Hamas gezeichneten Anschlags ein großer Trost sein, dass alle folgenden Anschläge von Gruppen exekutiert wurden, die noch radikaler sind. Wie aber kann man in einem solchen Fall die Radikalität noch steigern? Indem man öfter bombt? Stärkere Sprengsätze verwendet? Oder vor und nach jedem Anschlag für das Seelenheil der Getöteten betet?

Nachdem die Hamas die Wahlen in den palästinensischen Gebieten »auf demokratischem Wege« gewonnen hatte, gab sie noch vor der Kabinettsbildung ihr Regierungsprogramm bekannt. Es bestand im Wesentlichen aus drei Punkten: kein Frieden mit Israel, keine Anerkennung des zionistischen Gebildes, keine Verhandlungen mit den Besatzern. Das war nicht nur überschaubar, sondern auch ehrlich.

Europa freilich, das die palästinensische Autonomiebehörde mit ihren rund 160 000 militärischen und zivilen Mitarbeitern mit etwa 500 Millionen Euro jährlich finanziert, staunte, als habe es zum ersten Mal etwas von der Existenz einer politischen Bewegung namens Hamas erfahren. Die Hamas müsse, hieß es aus Berlin, Paris, Brüssel und Wien, der Gewalt abschwören, Israels Existenzrecht anerkennen und die Abkommen erfüllen, die zwischen Israel und der PLO geschlossen worden sind. Und sehr bald wünschten sich alle den guten alten Arafat zurück, der zwar bis auf die Socken korrupt, dafür aber viel kooperativer war.

Während sich die Europäer fragten, ob es wirklich eine so gute Idee war, »demokratische Wahlen« in den palästinensischen Gebieten zuzulassen, bewiesen die Hamas-Leute viel Sinn für Humor. Auf die israelische Ankündi-

gung, man werde das Verbindungsbüro in Jericho schlie-
ßen und jede Zusammenarbeit mit den palästinensischen Sicherheitsorganen beenden, sprach die Hamas
von einer »Kriegserklärung« und drohte mit Gegenmaß-
nahmen. Eben noch setzte sie auf eine gute Zusammenarbeit mit Israel, und plötzlich wollten die bösen Zionisten nicht mehr mitspielen.

Ähnlich reagierte die Hamas auf die Ankündigung der
EU, die Überweisung der Alimente vorläufig auszuset-
zen. Dies komme, erklärte ein Hamas-Sprecher, »einer
Kollektivstrafe für das palästinensische Volk« gleich.

Nun gehört es zu den Aufgaben und Pflichten einer jeden Regierung, für das Wohl des eigenen Volkes zu sorgen. Ist die Regierung dazu nicht in der Lage, spricht
man von einem »failed state«. Die Palästinenser haben
noch keinen richtigen Staat, aber ein »failed state« sind
sie dagegen schon. Kein anderes Volk, keine andere Eth-
nie hat in den letzten Jahrzehnten pro Kopf so viel mate-
rielle Hilfe bekommen wie die Palästinenser, und nir-
gendwo ist das Geld so schnell im Sand versickert wie
zwischen Ramallah und Gaza. Und niemand will wissen,
wo es geblieben ist, am wenigsten die europäischen Geld-
geber. Denn obwohl sich der Lebensstandard der Palästinenser von Jahr zu Jahr verschlechtert hat, ist das Geld
gut angelegt. Es ist »Schutzgeld«, wie es überall auf der
Welt von Kneipenwirten bezahlt wird, damit die Mafia sie
in Ruhe lässt. Tatsächlich haben die Hamas, die Hisbol-
lah, der Dschihad und die anderen »radikalen« Gruppen,
die Palästina befreien wollen, darauf verzichtet, Ziele in
Europa anzugreifen. Die EU bestreitet zwar offiziell, dass

es einen Zusammenhang zwischen den Zahlungen und dem Ausbleiben von Terroranschlägen gibt, aber wenn man mit EU-Vertretern unter vier Augen vor Ort spricht, geben sie unumwunden zu, dass dies der Fall ist. Solange es nur die Israelis sind, die von Selbstmordattentätern heimgesucht werden, können die Europäer in aller Ruhe ihren Hobbys nachgehen: Palästina-Soli-Komitees organisieren, gegen die »Apartheid-Mauer« protestieren und Konferenzen über Wege zum Frieden im Nahen Osten veranstalten.

Die Abwahl der »korrupten« Fatah und der Sieg der »disziplinierten« und zu allem »fähigen« Hamas haben die Europäer aus dem Tritt gebracht. Darauf bedacht, den Status quo zu erhalten, hatten sie es plötzlich mit einer Truppe zu tun, mit der nicht einmal die PLO zusammenarbeiten wollte. So stand die EU plötzlich vor der Wahl: weiter zu zahlen und sich damit dem Vorwurf auszusetzen, die Vernichtung Israels zu finanzieren, oder nicht zu zahlen und das Risiko in Kauf nehmen, den Zorn der Hamas zu provozieren.

Da traf es sich gut, dass Schweden den EU-Konsens auf eigene Faust durchbrach. Stockholm erteilte dem Hamas-Minister für Flüchtlingsfragen, Atef Odwan, ein Schengen-Visum, mit dem er nach Europa einreisen konnte.

Hier sei ein kleiner Exkurs über Schweden erlaubt: Die schwedische Regierung lässt kaum eine Gelegenheit ungenutzt, sich von Israel zu distanzieren. Jüngste Beispiele: Im April 2006 sagte Schweden seine Teilnahme an einer europäischen Militärübung ab, weil Israel daran teilnahm. Im Mai änderte das Monopol-Unternehmen »Systembolaget«, das im ganzen Land 400 Geschäfte für alkoholhaltige Getränke betreibt, die Bezeichnung für Weine aus Israel. Aus »Made in Israel« wurde »Made in Israeli occupied Syrian territories«. Die staatseigene Firma bietet etwa 2 000 verschiedene Produkte aus 38 Ländern an, darunter fünf israelische Weine, die aus Golan-Trauben hergestellt werden. Israel hat die Golanhöhen im Sechstagekrieg 1967 erobert und 1980 Teile des Gebietes annektiert. Die Umetikettierung, erklärte ein Sprecher des Unternehmens, fand in Absprache mit dem Außenministerium statt.

Schwedens Haltung lässt sich mit Rücksichtnahme auf die etwa 400 000 Moslems erklären, die in Schweden leben. Rund 70 000 von ihnen sind im »Sveriges Muslimska Förbund« organisiert, dem größten Interessenverband der Moslems. Dieser erhob im Frühjahr 2006 die Forderung, spezielle Gesetze einzuführen, die das Leben der Moslems erleichtern sollten. Danach sollten Moslems für das Freitagsgebet und für andere wichtige Feiertage arbeitsfrei bekommen. Imame sollten moslemische Kinder an den staatlichen Schulen in Glaubensfragen unterrichten, in der jeweiligen Heimatsprache – anstelle des in Schweden üblichen neutralen Unterrichts über Religionen. Der gemeinsame Schwimm- und Sportunterricht an den Schulen sollte abgeschafft, besondere »Frauentage« in Schwimmbädern eingeführt und zinsfreie Bankkredite für den Bau von Moscheen bereitgestellt werden.

Der Integrationsminister nannte die Forderungen »vollständig inakzeptabel« und fand es »sehr traurig, dass Menschen, die so lange in Schweden leben, mit Vorschlägen kommen, die völlig gegen unsere Grundsätze gerichtet sind«. Damit war die Sache vom Tisch – vorläufig.

Dass freilich auch in Schweden, das auf seine liberale Integrationspolitik stolz ist und sie dem übrigen Europa als Vorbild anbietet, etwas schief läuft, wurde den Schweden zum ersten Mal bewusst, als der Bezirksbürgermeister des Stadtteils Fosie in Malmö bekannt gab, dass die Mittelstufe einer Schule wegen »Gewalttätigkeit« geschlossen werden soll. In einem Bericht der Schulbehörde hieß es: »Die Atmosphäre in der Schule wurde im letzten Jahr härter, körperlich ausgetragene Konflikte sind gewöhnliche Begebenheiten. Streit und Zerstörung gehören zum Alltag. Das Personal erzählt von fehlenden Normen, Mafiastimmung und Ghettomentalität und berichtet von Bedrohung und Bestrafung unter den Schülern.«

Die Schule liegt in einem Viertel von Malmö, für das man in Deutschland den Begriff »sozialer Brennpunkt« geprägt hat. Anfang der neunziger Jahre lag der Ausländeranteil bei 15 Prozent, inzwischen sind es 95 Prozent – Migranten aus Kroatien, Bosnien, Somalia, dem Irak und Nordafrika – vor allem Moslems.

Doch zurück zur Hamas: Nachdem der Hamas-Minister für Flüchtlingsangelegenheiten, Atef Adwan, ein Schengen-Visum von Schweden bekommen hatte, konnte er ungehindert in die Bundesrepublik einreisen. In Berlin traf er, auf Vermittlung eines Freundes aus der deutsch-arabischen Gesellschaft, mit drei MdBs zusammen, Hellmut Königshaus und Karl Addicks (beide FDP) und

Detlef Dzembritzki (SPD). Eigentlich sollte niemand etwas von den Unterhaltungen, die in einem Lokal in der Nähe des Brandenburger Tores geführt wurden, erfahren, aber in Berlin sprechen sich diskrete Aktivitäten noch schneller herum als früher in Bonn, und so standen die drei Abgeordneten plötzlich unter Erklärungszwang. Er habe eine »spontane Möglichkeit« zu einem »privaten, inoffiziellen Gedankenaustausch« genutzt, sagte der SPD-Abgeordnete, während die beiden Freidemokraten eine gemeinsame Erklärung abgaben, in der es unter anderem hieß, es habe sich um »ein persönliches, inoffizielles und vertrauliches Gespräch« gehandelt. Man habe dem Minister »unmissverständlich gesagt, dass ein Gewaltverzicht, die Anerkennung des Existenzrechts Israels und die Rückkehr zur Road Map die zwingende Voraussetzung ist für die Wiederaufnahme der eingestellten EU-Zahlungen«. Aus der Erklärung der beiden Parlamentarier geht nicht hervor, was der Hamas-Minister geantwortet hat. Dafür enthält der letzte Satz der Erklärung eine relevante Enthüllung: »Das Auswärtige Amt war über das Gespräch vorab informiert.«

Das erklärt einiges. Was können drei Abgeordnete, die nicht zu den bekanntesten des Hohen Hauses gehören, einem Hamas-Minister sagen, das er noch nicht aus den offiziellen Verlautbarungen der EU wüsste? »Also, das mit dem Terror könnt ihr nicht machen, lasst das mal sein, dann gibt's wieder Kohle ...« Da muss der Hamas-Mann ganz platt gewesen sein, mit so viel Härte hatte er nicht gerechnet. Wenn es aber nur darum ging, den offiziellen Standpunkt der EU zu vermitteln, warum mussten dann die Gespräche »inoffiziell und vertraulich« geführt werden? Und warum wurde das Auswärtige Amt »vorab informiert«?

Weil das Ganze ein Versuchsballon war. Man wollte sehen, wie die Öffentlichkeit reagiert, wenn ein Hamas-Minister Abgeordnete der Regierungskoalition trifft, ohne die Regierung damit zu kompromittieren. Jeder Dammbruch fängt mit einem Haarriss an, und das waren gleich drei. Es kam nicht darauf an, worüber sich die MdBs mit dem Hamas-Minister unterhalten hatten, über Politik im Nahen Osten, das Wetter in Europa oder Joschka Fischers sukzessive Vielweiberei – das Einzige, worauf es ankam, war, dass sie sich mit ihm getroffen hatten.

Der Beirat der früher von Jürgen W. Möllemann geführten Deutsch-Arabischen Gesellschaft (DAG), der die Treffen eingefädelt hatte, machte aus seiner Freude über den Scoop kein Hehl: »Wir verlangen, dass die Bundesregierung die demokratisch legitimierte Hamas-Regierung auch so behandelt. Wir halten das Durchbrechen des Hamas-Regierungsboykotts für einen wesentlichen Beitrag zum Nahost-Friedensprozess. Israel steht in Palästina, nicht Palästina in Israel. Welche Waffen haben denn die Palästinenser, um sich unter vertretbaren Verlusten zu wehren? Ich bin gegen Terrorattentate. Ich erkenne aber an, dass die Palästinenser kaum andere nennenswerte Mittel haben. Insofern verurteile ich die Hamas nicht.«

Keiner der drei MdBs widersprach dieser Darstellung. Man war sich offenbar einig, dass die Palästinenser keine anderen nennenswerten Mittel außer Terror haben, um sich dagegen zu wehren, dass »Israel in Palästina« steht.

Im Falle der beiden FDP-Leute war das auch deswegen bemerkenswert, weil sie Mitglieder der Deutsch-Israelischen Gesellschaft (DIG) sind, was sie nicht davon abgehalten hat, mit einem Vertreter der Hamas zu reden, die sich die Befreiung ganz Palästinas von den Zionisten zum Ziel gesetzt hat. Man kann dies als Appeasement verstehen, aber auch als Vorsorge für den Ernstfall. Derweil kündigte der Beirat der Deutsch-Arabischen Gesellschaft an, er wolle »weitere Mitglieder der Hamas-Regierung nach Deutschland einladen«. Vermutlich so lange, bis Israel nicht mehr in Palästina steht.

Wer keine Gelegenheit hatte, mit dem Hamas-Mann zu reden, musste sich damit zufrieden geben, über die Hamas zu reden. Die grüne Europa-Abgeordnete Angelika Beer, von der man lange nichts mehr gehört hatte, meldete sich aus Brüssel zu Wort, um »vor Sanktionen gegen Palästina« zu warnen. Man müsse »mit einer demokratisch gewählten Regierung reden« und brauche »ein wenig Geduld, um mit der Hamas erst mal reden zu können und zu wollen«, um die Palästinenser nicht »in die Hände des Iran« zu treiben, denn »das sind eben die Hände, die wir nicht wollen«. In einem anderen Interview erklärte sie, sie habe zwar »kein Patentrezept, wie wir reagieren sollen«, aber »die Streichung der Mittel wäre genau der falsche Weg, würde zu weiteren Eskalationen beitragen«. Auch zum Karikaturenstreit hatte Frau Beer eine Meinung, die sie ein wenig umständlich artikulierte: »Ich bin der Meinung, dass wir die Pressefreiheit in Europa nicht einschränken sollten. Aber ich glaube, dass es zeigt, dass die Bereitschaft in einer multikulturellen Welt, auch bei

Journalisten, zu überprüfen, was Karikatur bedeutet und was sie provoziert, denn Karikaturen sind dazu da, um zu provozieren, wo die Grenzen sind, die sind überschritten worden.«

Auch Frau Beer überschritt in ihren Interviews alle Grenzen des Satzbaus und der Logik, dennoch war die Botschaft klar: Nur nicht provozieren, weiter zahlen, um Eskalationen zu vermeiden. Wenn das nicht Appeasement ist, dann ist es Selbstentleibung im Zustand der Vollnüchternheit. Mit derselben Überlegung könnte ein Drogendealer seine Geschäfte mit einer Gang von Minderjährigen rechtfertigen: Es ist besser, sie bekommen das Zeug von mir als von einem, der die Kids nur ausnutzen will.

Es dauerte nicht mehr lange bis sich auch Altkanzler Schröder für Gespräche mit der Hamas aussprach. Anlässlich seiner Ernennung zum Ehrenvorsitzenden des Nah- und Mittelostvereins in Berlin, der für die deutsche Wirtschaft im Nahen und Mittleren Osten tätig ist, sagte Schröder, man müsse »mit der demokratisch gewählten Hamas-Regierung« in den Palästinenser-Gebieten verhandeln. Bei dieser Gelegenheit kritisierte Schröder auch die Politik der israelischen Regierung. Deren Pläne für eine »einseitige Grenzziehung« seien »nicht der richtige Weg« zu einer Lösung des Konflikts mit den Palästinensern.

Nun ist der Vorschlag, man müsse mit der Hamas reden, nicht per se abwegig oder antiisraelisch, es sei denn, er wird so begründet, wie es der Beirat der DIG getan hat; was Schröders Statement so pikant macht, ist der Hinweis darauf, dass die Hamas »demokratisch gewählt« wurde.

Schröders tiefer Griff in die Trickkiste der Geschäftsordnung des Bundestages, mit dem er seine Abwahl durchsetzen wollte, um sich anschließend wieder wählen zu lassen, war ebenfalls »demokratisch«. Was die Hamas von der Demokratie hält, bewies sie gleich mit ihrer ersten Initiative, als ihre frisch gewählten Abgeordneten das Verfassungsgericht ad acta legten, das Präsident Abbas etablieren wollte. Extrem demokratisch war auch die Ablehnung eines Volksentscheids über eine »Zwei-Staaten-Lösung«, den Abbas durchführen wollte. Demokratisch ist, was der Hamas nützt. Insofern haben Schröder und die Hamas ähnliche Vorstellungen von Demokratie – nur dass Schröder, sogar als Kanzler, nicht die Macht hatte, sie durchzusetzen.

Worum es Schröder bei seiner Ernennung zum Ehrenvorsitzenden des Nah- und Mittelostvereins wirklich ging, war etwas anderes. Er war nicht nur dafür, mit der Hamas zu reden, er war auch dagegen, Sanktionen gegen das ebenfalls demokratisch gewählte Regime in Teheran zu erwägen. In einem solchen Fall wären »unabsehbare Folgen für die Weltwirtschaft zu erwarten«. Schröder verwies auf Schätzungen von Experten, dass der Ölpreis auf über 100 Dollar pro Barrel steigen könnte.

Womit wir bei der Frage aller Fragen angelangt wären: Wie hoch muss der Ölpreis steigen, bis die Existenz Israels zur Disposition steht? Was würde passieren, wenn die Arabische Liga oder die OPEC eines Tages sagt: »Liebe Europäer, ihr distanziert euch jetzt von Israel oder wir drehen euch den Ölhahn zu?« Wie lange würde Schröder noch zu seinem Satz stehen, den er Anfang 2005 in einem Interview mit der »Jüdischen Allgemeinen« gesagt hat: »Nie wieder darf es den Antisemiten gelingen, jüdische Bürger, nicht nur unseres Landes, zu bedrängen, zu verletzen«?

Es ist keine hypothetische Frage. Sie könnte sich bald stellen. Denn die Hamas sagt klar und deutlich, so wie es ihre Art ist, was sie möchte: den totalen Frieden.

In einem Artikel für das Internetmagazin »Palestine-Chronicle.com«, der auch von einer deutschen Zeitung nachgedruckt wurde, schreibt der palästinensische Ministerpräsident Ismail Hanija, das palästinensische Volk sehe »mit Hoffnung und Optimismus in die Zukunft«, denn: »Wir sind sicher, dass diese brutale Besatzung meines Volkes und meines Landes eines Tages enden wird und die Völker dieses Landes wieder in Frieden und Harmonie leben werden. Ich wage sogar zu sagen, dass der Frieden in Palästina sich dann über die ganze Welt ausbreiten wird und eine neue Ära des Friedens beginnen wird.«

Das glaube ich auch. Der Wolf und das Schaf werden sich das gleiche Gehege teilen, die Sunniten und Schiiten werden aufhören, einander zu massakrieren, die UN werden ihre Truppen von allen Krisenherden abziehen, in Nordirland werden Katholiken nur noch Protestanten heiraten und umgekehrt, die Russen werden Wellness-Reisen nach Tschetschenien anbieten, die Reitermilizen in Darfour auf Kinderfahrräder umsteigen und die Türken die Armenier um Vergebung für den Genozid von 1915 bitten.

Sobald Frieden in Palästina herrscht, wird die ganze Welt befriedet sein. Schon möglich, dass Ismail Hanija, der innerhalb der Hamas als »Pragmatiker« gilt, an seine eigenen Halluzinationen glaubt. Er wäre nicht der Erste, der davon überzeugt ist, dass man die »jüdische Frage« vorrangig lösen muss, da diese der Schlüssel zu allen anderen Problemen ist. Hanija wünscht sich, ebenso wie der iranische Präsident Ahmadinedschad, »A World Without Zionism«. Auch das ist nicht neu, neu ist nur, dass es in der Originalversion dieser Idee eine Welt ohne Juden sein sollte. Aber all das hält Frau Beer und Herrn Schröder und viele andere nicht davon ab, Verhandlungen mit der Hamas zu fordern. Verhandlungen worüber? Wie man fünf Millionen Zionisten zurück nach Europa schafft? Ob man Israel eine Frist setzen oder gleich mit der Dekonstruktion anfangen soll?

Was immer es sein könnte, Hanija und Ahmadinedschad meinen es ernst. Nur die Europäer wollen es nicht wahrhaben, pflegen ihre Tagträume und freuen sich zwischendurch wie Hänsel und Gretel über ein gutes Wort von der Hexe.

Nach dem Terroranschlag im ägyptischen Badeort Dahab am Roten Meer im April 2006 mit zwei Dutzend Toten und fast 100 Verletzten verurteilte ein Sprecher der Hamas das Blutbad als einen »Angriff gegen alle menschlichen Werte«. Von der Stellungnahme war der französische Außenminister so angetan, dass er sich sofort lobend über »diese bedeutende Entwicklung in der Außenpolitik der Hamas« äußerte.

Bei dem Anschlag in Dahab waren zwei Franzosen leicht verletzt worden.

Sport und Spiel, Spannung und Entspannung

Der Aachener Karnevalsverein verleiht seit 1950 jedes Jahr den »Orden wider den tierischen Ernst«. Zu den Preisträgern gehören unter anderem Konrad Adenauer, (»dank seiner einfachen kölschen Art, die Probleme der Nation zu erklären«), Ephraim Kishon, Norbert Blüm, Franz Josef Strauß, Edmund Stoiber und Friedrich Merz »für seine Anregung, die Steuererklärung auf einem Bierdeckel zu machen«, mit der er seinen »bildhaften Humor« bewiesen habe.

Der Preisträger für die kommende Karnevalsaison steht noch nicht fest, aber es würde einen nicht wirklich wundern, wenn die Aachener den iranischen Präsidenten Mahmud Ahmadinedschad zum Ritter des Ordens wider den tierischen Ernst 2007 ernennen würden – »für seine einzigartige Begabung, einfache Lösungen für komplexe Probleme anzubieten« und »seinen unbändigen Spaß an der Provokation«. Wenn Ahmadinedschad dann nach Aachen kommt, um zum Ritter geschlagen zu werden, wird er auch eine Dankesrede halten: »Wie ich es lernte, die Deutschen zu lieben. Und alle anderen auch.«

Seit er zum Präsidenten der Islamischen Republik gewählt wurde, hält der einfache Mann aus dem Volke die ganze Welt in Atem. Fast jeden Tag lässt er sich etwas

Neues einfallen, das die Amis, die Europäer und die Deutschen auf die Palme treibt. Er hingegen bleibt ganz ruhig und plant schon die nächste Provokation. So legt er die Themen fest und bestimmt das Tempo der Partie. Kurzum: Er agiert, alle anderen reagieren nur und werden von ihm vorgeführt.

Kurz vor den iranischen Präsidentschaftswahlen schrieb der Iran-Experte der »taz«, Bahman Nirumand, eine Analyse der Lage, die er mit den Worten begann: »Die Wahlen im Iran sind eine Farce. Das Volk darf zwar wählen, aber nur jene Kandidaten, die der von Ultrakonservativen besetzte ›Wächterrat‹ zugelassen hat.« Die besten Chancen auf einen Sieg hätte Haschemi Rafsandschani, der zwar »korrupt ist und zahlreiche Hinrichtungen und Mordattentate gegen politische Widersacher zu verantworten hat«, dennoch von vielen als »das kleinere Übel« gesehen wird, weil die anderen Kandidaten noch schlimmer wären. »Es wird allgemein damit gerechnet, dass er, wenn nicht im ersten, dann im zweiten Wahlgang, den Sieg davontragen wird.«

Kurz nach den Wahlen kommentierte der Iran-Experte der »Süddeutschen«, Navid Kermani, das Ergebnis. Es sei »keineswegs überraschend«, dass Ahmadinedschad gewählt wurde, für die meisten Iraker »war das weniger eine Wahl zwischen Reformern und Konservativen, sondern zwischen arm und reich«. Vierzig Prozent der Iraner lebten unterhalb der Armutsgrenze, Rafsandschani dagegen wäre der »reichste Mann des Landes«. Kermani kritisierte auch die Haltung der Europäer gegenüber dem Iran. Sie hätten zugesehen, »wie die Konservativen ... das Ruder an sich gerissen, so gut wie alle Reformzeitungen geschlossen, die Studentenaufstände blutig niedergeschlagen, tausende Dissidenten verhaftet« hätten, und »nichts davon hat zu hörbarem Protest in Europas Außenministerien geführt oder die Europäer dazu bewegt, ihre eigene, auf Annäherung ausgerichtete Iranpolitik zu überdenken«.

Wenig später erklärte Bahman Nirumand in der »taz«, warum Europa im Iran »eine Chance vertan« hat. Statt vom Iran einen Verzicht auf die Urananreicherung zu verlangen, hätten die Europäer die Forderung der iranischen »Reformer« unterstützen sollen, »die gesamte Region zu einer atomwaffenfreien Zone zu erklären«; dies wäre eine »Alternative zum unnachgiebigen und kriegerischen Kurs Washingtons« gewesen.

Damit war der Kurs vorgegeben. Was immer die Iraner machten, schuld waren die Amis und die Europäer, weil sie den Amis nicht widersprachen. Nur die Iraner konnten nix dafür, denn, so Nirumand, ihr Recht, die »Atomtechnologie weiterzuentwickeln« steht »juristisch betrachtet außerhalb jeden Zweifels«.

Nachdem der amerikanische Präsident in einem Interview erklärt hatte, er wolle die Anwendung von Gewalt gegen den Iran nicht von vornherein ausschließen, bezeichnete Kanzler Schröder eine »militärische Option« zur Verhinderung einer iranischen Atombombe als »hochgradig gefährlich«. Außenminister Fischer sagte: »Eine militärische Option wird eine Eskalation auslösen, die ich nicht mehr für kontrollierbar halte.« Es war Wahlkampf und sowohl Fischer wie Schröder hofften, auf dem bewährten »No blood for oil«-Ticket wiedergewählt zu werden.

Nicht die iranische Atombombe war also das Problem, sondern die Frage, wie man sie verhindert. In Teheran musste diese Umkehr der Prioritäten eine große Heiterkeit ausgelöst haben, denn es dauerte nicht lange und der iranische Präsident warf den Europäern wieder einen Knochen zu, in den sie sich verbeißen sollten. Auf einer Konferenz in Teheran (»The World Without Zionism«) forderte der iranische Präsident unter Berufung auf Ajatollah Ruholla Chomeini die Auflösung des Judenstaates: »Wie der Imam sagte, muss Israel von der Landkarte getilgt werden.« Auch den Freunden Israels versprach er nichts Gutes: »Jeder, der Israel anerkennt, wird im Zornesfeuer der islamischen Nation verbrennen.«

Die Welt war schockiert und verurteilte die Völkermord-Fantasien des iranischen Präsidenten. Für die Bundesregierung erklärte ein Sprecher des Auswärtigen Amtes: »Sollten diese Äußerungen tatsächlich gefallen sein, sind sie völlig inakzeptabel und aufs Schärfte zu verurteilen.« Auch die »tagesschau« hatte subtile Zweifel, ob Ahmadinedschad es wirklich so gesagt hatte. Sie berichtete von »angeblichen Drohungen« des iranischen Präsidenten gegen Israel, nahm aber das »angeblich« nach nur drei Tagen aus dem Programm.

Immerhin: Die Bundesregierung war »not amused« und bestellte den iranischen Geschäftsträger in Berlin ins Außenamt ein, wo ihm eine Protestnote überreicht wurde. Außenpolitiker von Union und SPD forderten harte Reaktionen auf die Drohungen des iranischen Präsidenten. Friedbert Pflüger erklärte: »Ein Land, das sagt, es will ein anderes Land vernichten, kann kein Partner der Europäischen Union und Deutschlands sein.« Auch Gernot Erler forderte im Namen der SPD ein »härteres Vorgehen« gegen den Iran; der diplomatische Protest sei nur der Anfang.

Nur einer sprang dem bedrängten iranischen Präsidenten zur Seite: der in solchen Fällen stets einsatzbereite Direktor des Hamburger Orient-Instituts Udo Steinbach. Er meinte, man dürfe die Worte des Iraners nicht zu ernst nehmen, er wäre außenpolitisch noch »völlig unerfahren«. – Auch Bahman Nirumand, der eben noch einen Wahlsieg Rafsandschanis vorhergesagt hatte, konnte sich Ahmadinedschads Ausfälle nur mit der mangelnden politischen Erfahrung des 49-jährigen Fachmanns für Verkehrsplanung erklären: »Ich nehme an, die Rivalen Ahmadinedschads haben ihn aufs Glatteis geführt.« Das Problem werde sich von selbst erledigen. »Das Regime wird in zehn Jahren verschwunden sein.« Es fehlte bloß der Hinweis, auch das Dritte Reich habe sich in nur zwölf Jahren erledigt. Wenn Experten ihre Worte wiederkäuen müssten, hätten Steinbach und Nirumand ständig schwere Verdauungsprobleme.

Wie »unerfahren« Ahmadinedschad auch sein mag, sein politischer Instinkt funktioniert. Er hat mit bewundernswerter Zielgenauigkeit genau die Stelle gefunden, an der die Europäer am empfindlichsten sind: ihre eigene Geschichte.

Ahmadinedschad forderte die Verlegung Israels nach Europa. Man müsse das Problem an seiner historischen Wurzel packen, Deutschland und Österreich sollten »eine, zwei oder egal wie viele ihrer Provinzen« abgeben, damit ein jüdischer Staat dort entstehen könne, wo die Juden hingehören. Und wieder reagierten die europäischen Politiker wie aufgescheuchte Hühner, wenn sich ein Wolf ihrem Gehege nähert. Frankreichs Staatspräsident zeigte sich »empört«, der deutsche Außenminister sagte, solche Äußerungen machten Verhandlungen über das iranische Atomprogramm »nicht einfacher«. Der österreichische Kanzler sprach von einer »ungeheuerlichen Entgleisung«, der britische Außenminister wiederholte die Standardformel: »Vollkommen inakzeptabel.« Derweil saß der iranische Präsident in seiner bescheiden möblierten Residenz und freute sich wie ein Kind, das einen Knallfrosch in der Wohnküche gezündet hatte. Er wusste, von diesem Europa hatte er nichts zu befürchten.

Denn Europa, das heldenhafte alte Europa, das zweimal im Laufe des letzten Jahrhunderts aus dem Dreck gerettet werden musste, in den es sich selbst geritten hatte, Europa war inzwischen aus einer kurzen Schockstarre aufgewacht und im Begriff, sich mit der neuen Situation zu arrangieren. Alle sprachen von der Notwendigkeit von Maßnahmen, Schritten und Sanktionen, warnten aber vor übereilten Entscheidungen, die sich als kontraproduktiv erweisen könnten und unternahmen nichts. Langsam rückte der Iran als Gefahrenquelle in den Hintergrund und Israel nach vorne. »Nach der jüngsten Propaganda-Attacke wächst die Gefahr eines israelischen Militärschlags«, hieß es in der »taz«. Während die Iraner nur mal kurz auf die Pauke gehauen hatten, legten die Israelis schon den Finger an den Abzug. Ein Hinweis der Israelis auf das eigene militärische Potenzial und die Versicherung: »Es wird keine zweite Endlösung geben« veranlassten »Focus online« zu der Überschrift: »Israel droht Iran mit Selbstverteidigung«. Bahman Nirumand kommentierte: »Gäbe es den iranischen Präsidenten Ahmadinedschad nicht, müssten ihn Israel und die USA erfinden. Denn wer könnte besser als er die Welt psychologisch auf einen möglichen militärischen Angriff auf den Iran vorbereiten?« Und er orakelte, dass es möglicherweise doch nicht zehn Jahre dauern würde, bis sich das Problem erledigt habe: »Die Konservativen ... haben längst gemerkt, dass der Mann untragbar ist. Sie lassen ihn ins Messer laufen. Gerüchte besagen, dass sie bereits seinen Sturz vorbereiten.«

Wer über ein so brisantes Geheimwissen wie Nirumand verfügt, der legt sich jede Wirklichkeit so zurecht, wie es ihm passt. Alle Kommentatoren taten so, als wäre über Nacht eine neue, völlig ungewohnte Situation eingetreten. Dabei hatte Haschemi Rafsandschani schon 1988 gesagt, die Islamische Republik müsse sich »natürlich atomar bewaffnen«, und 2001 erklärt, was passieren würde, wenn sowohl der Iran wie Israel Atomwaffen einsetzen würden: »In Israel würde nichts übrig bleiben, während die moslemische Welt nur einen Schaden erleiden würde.« Die Juden sollten sich schon mal darauf einstellen, »wieder über die ganze Welt wandern zu müssen, wenn dieser Wurmfortsatz aus der Region und der moslemischen Welt entfernt worden ist«.

Wie klar, eindeutig und unmissverständlich muss einer seine Mordpläne verkünden, um von den Europäern ernst genommen zu werden?

»Der Westen verliert die Geduld mit dem Iran«, titelte die »Welt« auf Seite 1 Mitte Januar 2006. Vier Tage später erfuhren die Leser, was für einen starken Eindruck die westliche Drohung im Iran hinterlassen haben muss: »Ahmadinedschad droht mit Ende des ›Weltfriedens‹«. Kurz vorher hatten iranische Fachleute die Siegel von Atomanlagen entfernt, in denen Uran angereichert werden kann. Dennoch schrieben die »taz« und die »Süddeutsche Zeitung« gleichlautend: »Israel droht Teheran mit Militärschlag«, während der »Tagesspiegel« sich nicht definitiv festlegen wollte: »Israel droht Teheran mit Gewalt«. Das war, nachdem der israelische Verteidigungsminister dem iranischen Präsidenten empfohlen hatte, einen Blick in die Geschichte zu werfen, um zu sehen, »was mit Tyrannen wie ihnen passiert, die versuchen, das jüdische Volk auszulöschen: Sie haben nur Zerstörung über ihr eigenes Volk gebracht«.

Das war eine klare Warnung, aber keine Drohung, und sie enthielt eine Botschaft, die auch Bahman Nirumand hätte verstehen können: Ihr habt es schon öfter versucht, versucht es lieber nicht noch einmal.

Nirumand fühlte aber auch diesmal den Sand unter dem Pflaster knistern und schrieb: »Die Drohkulisse gegen Iran hat dazu geführt, dass die Bevölkerung sich mehr und mehr mit den Forderungen der Regierung Ahmadinedschad solidarisiert, obwohl sie diese mehrheitlich ablehnt.« Zugleich sah man in den Zeitungen das Bild einer von Kopf bis Fuß schwarz gekleideten Iranerin, die ein Schild in den Händen hielt: »nuclear energy is our obvious right«. Sonst hatte Fatima keinen Wunsch, für dessen Erfüllung sie ihr Leben hinzugeben bereit war.

Der unerfahrene Amateurpolitiker Ahmadinedschad spielte mit den Polit-Profis der Welt Katz und Maus. Mal trieb er sie vor sich her, mal rannte er ihnen davon. Dachten die Westler noch über Sanktionen nach, war er schon einen Schritt weiter: »Die islamischen Staaten sollten ihr wirtschaftliches Potenzial nutzen, um den Feinden die Hände abzuhacken.« Worauf der deutsche Außenminister entschieden vor »einer Militarisierung des Denkens« warnte und empfahl, »die diplomatischen Lösungen nach Kräften (zu) nutzen und aus(zu)schöpfen«. Claudia Roth, die Geheimwaffe der Grünen, verlautbarte, es führe »kein Weg an Diplomatie vorbei, die iranische Zivilgesellschaft müsse weiter gestärkt werden, um den Mullahs den politischen Nährboden zu entziehen«. Wie dies – von Deutschland aus – geschehen sollte, wollte sie freilich nicht verraten. So wurde mit jeder Verlegenheitsphrase die Drohkulisse dem Iran gegenüber täglich größer und größer. Und Katajun Amirpur fragte in der »taz« nach: »Warum reagiert dann der Westen so panisch?« Ihre Antwort wies in die bekannte Richtung: »Vielleicht, weil man einen neuen Buhmann braucht? Mit Ahmadinedschad kann man jedenfalls eine Drohkulisse aufbauen – um dann umzusetzen, was man ohnehin schon längst vorhatte. Und man muss sagen: Niemand könnte den Israelis oder den Amerikanern derzeit einen besseren Vorwand liefern, den Iran anzugreifen, als dessen Präsident Ahmadinedschad selbst.«

Nur einen Lidschlag entfernt von der Vermutung, Ahmadinedschad sei ein bezahlter Agent der Israelis und/oder der Amerikaner, trat Katajun Amirpur auf die Notbremse.

Es reichte, dass der Gedanke im Raum schwebte wie der Duft von Kardamon in einem orientalischen Kaffeehaus. Es war, als hätten alle einen Joint zu viel geraucht. Der britische Außenminister Straw, eben noch wegen der Äußerungen Ahmadinedschads zu Israel ganz außer sich, schlug einen versöhnlichen Ton an und warnte davor, den Iran zu demütigen. »Wir müssen ein Verhandlungsergebnis erzielen, das es beiden Seiten erlaubt, mit erhobenem Kopf und nicht erniedrigt aus den Gesprächen zu kommen.«

Zu diesem Zeitpunkt, Ende Januar 2006, hatte man im Iran längst ein ganzes Programm zur nationalen Genesung ausgearbeitet. Zunächst sollte eine internationale »Holocaust-Konferenz« stattfinden, dann eine »Wahrheitsfindungskommission« ihre Arbeit aufnehmen, gab Mohammed Ali Ramin, »wissenschaftlicher Berater« des Präsidenten, bekannt. »Falls diese Kommission tatsächlich herausfindet, dass die Deutschen sechs Millionen Juden ermordet haben, wird eine zweite multinationale Kommission sich eine entsprechende Bestrafung für die Deutschen überlegen müssen«, sagte Mohammed Ali Ramin, der zehn Jahre in Deutschland gelebt und studiert hatte. Und niemand stand auf und sagte: »Genug geblödelt, Kinder, ab in die Heia, die Spielstunde ist vorbei.« Im Gegenteil, je absurder sich der Iran benahm, umso mehr nahm das Verständnis für seine Politik zu.

»Der Westen provoziert den Iran, statt zu deeskalieren«, befand Andreas Zumach in der »taz«, nannte Ahmadinedschads Äußerungen zum Holocaust »dümmlich«, die gegen Israel gerichteten Gebärden »vor allem innenpolitisch motiviert« und tadelte westliche Politiker dafür, dass sie diese Signale »törichterweise als Beleg für iranische Atomwaffenambitionen werteten«. Nein, die Iraner hatten keine »Atomwaffenambitionen«, sie wollten nur ihre Cafes mit atombetriebenen Kaffeemaschinen ausrüsten.

Nachdem Kanzlerin Merkel bei der Münchener Sicherheitskonferenz Anfang Februar endlich Klartext geredet, den Westen vor »Appeasement« gewarnt und dazu aufgerufen hatte, »den Anfängen zu wehren«, warnte ein Sprecher der SPD-Fraktion: »Eine Militarisierung der deutschen Außenpolitik ist der falsche Weg und mit der SPD in der großen Koalition nicht zu machen.« Der damalige SPD-Vorsitzende Platzeck lehnte jede Diskussion über eine militärische Option ab, die müsse »vom Tisch«. Derweil gab der ehemalige Chef der iranischen Atom-Verhandlungsdelegation bekannt, der Iran habe schon in den achtziger Jahren damit begonnen, ein umfassendes Programm zur Herstellung des vollständigen atomaren Brennstoffkreislaufs durchzuführen. Das Material und das Know-how habe man sich auf dem Schwarzmarkt besorgt, über Zwischenhändler, die Kontakte zu Pakistan hatten. Erst im Jahre 2003 sei die Internationale Atomenergie Agentur dem Iran auf die Schliche gekommen und habe die vollständige Offenlegung des Atomprogramms verlangt.

»Wir haben viel Zeit gewonnen«, freute sich der ehemalige Chef der Atom-Verhandlungskommission. So viel entwaffnende Ehrlichkeit von einem, der es wissen musste, machte auf die Anhänger der Deeskalations-Theorie keinen Eindruck. Nur ein paar Exil-Iraner, unter ihnen Maryam Rajavi, die Präsidentin des Nationalen Widerstandsrates, einer Koalition aus Oppositionsgruppen im Exil, hatten sich den Blick auf die Wirklichkeit nicht nehmen lassen.

»Krieg ist nicht die Alternative zur Nachgiebigkeit, sondern ihre natürliche Folge. Acht Jahre westlicher Konzessionen, um den vermeintlich ›gemäßigten‹ früheren Präsidenten Mohammed Chatami zu stärken, haben Chameini die Gelegenheit gegeben, die extremsten Fraktionen an die Macht zu bringen und alle Hindernisse aus dem Weg zu räumen, die dem Iran den direkten Zugriff auf Atomwaffen ... verwehrten«, schreibt Maryam Rajavi. Nun müsse gehandelt werden. »Heute, 70 Jahre nachdem das Appeasement der Welt gegenüber einem Tyrannen zum Krieg geführt hat, muss die Welt sich mit den religiösen Faschisten, die mein Land beherrschen, auseinander setzen, um zu verhindern, dass 2006 das 1936 unserer Generation wird.«

Doch gerade in Deutschland, wo man aus jedem nichtigen Anlass »Nie wieder 33!« und »Wehret den Anfängen!« ruft und mit Vorliebe einen Satz aus dem Talmud zitiert – »Die Erinnerung ist das Geheimnis der Erlösung« –, wollte man von solchen Analogien nichts wissen. 1936 war die Welt zu Gast bei einem Diktator, 70 Jahre später, 2006, gab das Oberhaupt einer Diktatur seine Absicht bekannt, zu der Fußball-WM nach Deutschland zu kommen. Wäre das nicht eine großartige Gelegenheit für Deutschland und die Deutschen gewesen, der ganzen Welt zu beweisen, dass sie aus der Vergangenheit gelernt haben und nicht nur um die Holocaust-Toten der Vergangenheit trauern, sondern jedem die rote Karte zeigen, der mit einen neuen Holocaust liebäugelt?

Stattdessen kam es zu einer wochenlangen absurden Debatte darüber, was passieren würde, wenn Ahmadinedschad tatsächlich zur WM kommen sollte. »Es ist, wegen seiner unmöglichen Äußerungen, sicher ein großes Problem für uns, wenn Ahmadinedschad kommt«, sagte der Erzbischof von Hamburg, Werner Thissen, »trotzdem bietet sich da die Chance, den Dialog fortzuführen – und dazu gibt es einfach keine Alternative.« – »Er kann natürlich zu den Spielen kommen«, meinte Wolfgang Schäuble am Rande einer Tagung der Evangelischen Akademie Bad Boll zum Thema »Fußball unterm Hakenkreuz«, »mein Rat ist, wir sollten gute Gastgeber sein.« Falls der iranische Präsident wirklich kommen sollte, versprach Schäuble, werde er »ihn auf seine Äußerungen ansprechen«.

Dieter Wiefelspütz, in der SPD-Fraktion für Innenpolitik zuständig, sah ebenfalls keine Chance, einen Besuch des iranischen Präsidenten bei der Fußball-WM zu verhindern. »Wir können die Tür nicht zumachen, wenn er anklopft.« Er hoffe, »dass sich die Dinge sportlich regeln«, soll heißen, dass die Iraner schon in der ersten Runde rausfliegen.

Während Schäuble und Wiefelspütz stellvertretend für die politische Klasse ihre Ohnmacht bekundeten, gab der Iran bekannt, man habe Uran für Kernkraftwerke erfolgreich angereichert. Eine Frist des UN-Sicherheitsrates, die Uran-Anreicherung zu stoppen, verstrich unbeachtet. Ahmadinedschad erklärte, sein Land schere sich »einen Dreck« um UN-Resolutionen, die Islamische Republik werde »mit niemandem über ihr absolutes Recht auf Nutzung der zivilen Atomtechnologie verhandeln«. Zugleich forderte

Teheran die UN auf, sofort gegen die USA einzuschreiten, Amerika müsse von seinen Drohungen einer militärischen Intervention gegen den Iran abgebracht werden.

Auch die Umweltorganisation Greenpeace Deutschland erklärte sich mit dem Iran solidarisch. »Es wäre dringend notwendig, dass Deutschland die US-Regierung endlich öffentlich dazu drängt, ihrer Verpflichtung aus dem Nichtverbreitungsvertrag nachzukommen und selbst atomar abzurüsten«, sagte die Geschäftsführerin von Greenpeace Deutschland. Westliche Atomstaaten müssten glaubwürdig handeln und ihre eigenen Atomwaffenarsenale abbauen.

Während der Sicherheitsrat sich noch immer nicht über eine Resolution einigen konnte, ging Teheran wieder in die Offensive und ließ durch den Sprecher des Außenministeriums erklären: »Eine Intervention des Sicherheitsrates wäre ein Schritt von der Kooperation zur Konfrontation. Der Sicherheitsrat sollte nichts tun, was ihm später Ärger bereitet.« Und dann, Anfang Mai, passierte etwas, womit niemand gerechnet hatte: Ahmadinedschad schrieb einen achtzehn Seiten langen Brief an George W. Bush. Die Welt hielt den Atem an; es war der erste direkte Kontakt seit dem Abbruch der diplomatischen Beziehungen 1979. Eine Sensation, die gebührend gefeiert wurde.

Als nach zwei Tagen eine englische Übersetzung vorlag, stellte sich heraus, dass in dem Brief nichts stand außer den bekannten Phrasen, Banalitäten und Platitüden zur Lage der Welt, gespickt mit Zitaten aus dem Koran. Der Liberalismus und die Demokratie westlichen Stils hätten versagt, die Anschläge vom 11. September seien mit Hilfe von Geheimdiensten durchgeführt worden, die Gründung Israels sei widerrechtlich erfolgt und der Krieg im Irak mit Lügen begründet worden. Originell waren nur Ermahnungen, die Ahmadinedschad an die Adresse der USA richtete: »Die Geschichte lehrt uns, dass repressive und grausame Regierungen nicht überleben.«

Ahmadinedschad hatte es wieder einmal geschafft. Er gab den Ton und das Tempo an. Die Welt atmete tief durch und der außenpolitisch völlig unerfahrene Experte für Verkehrsplanung freute sich wie ein Geisterfahrer auf der Autobahn, dem alle entgegenkommenden Autos im letzten Moment ausweichen. Auch wer ihn nicht mochte, konnte nach diesem Scoop nicht umhin, ihn für dieses Kunststück zu bewundern.

Und so ging es weiter. Mal stellte sich der Iran stur, mal gab er sich konziliant und machte von sich aus Vorschläge, wie zum Beispiel den, das Thema statt im Sicherheitsrat lieber bei der Internationalen Atomenergie Agentur zu behandeln. Es war ein Spiel auf Zeit, denn derweil wurde die Arbeit an der Urananreicherung fortgesetzt. Und Bahman Nirumand fand endlich den »Schlüssel zur Lösung des iranischen Atomkonflikts«. Iran sollte das Recht »auf Urananreicherung auf niedriger Ebene und unter verschärfter Kontrolle zugestanden« werden, damit »würde man Radikalislamisten vom Schlage eines Ahmadinedschad den Wind aus den Segeln nehmen«. Der kleine Schönheitsfehler dieser Idee lag freilich darin, dass Teheran sie nicht zur Kenntnis nahm.

Es ging, einmal mehr, darum, jede Provokation zu unterlassen. »Nichts könnte gefährlicher sein als der Eindruck in großen Teilen der islamischen Welt, der Westen betreibe eine antiislamische Politik«, warnte der frühere Außenminister Hans-Dietrich Genscher. Und: »Schon die Drohung mit der atomaren Option erhöht die Gefahr einer Ausbreitung von Atomwaffen.«

Altkanzler Helmut Schmidt, einer der treibenden Köpfe hinter dem »Doppelbeschluss« von 1979, mit dem die NATO auf den Einmarsch der Russen in Afghanistan reagierte und kräftig nachrüstete, um das atomare »Gleichgewicht des Schreckens« wieder herzustellen, war ebenfalls der Meinung, man sollte die Iraner lassen, sie wollten nur spielen. Die iranische Atompolitik bedeute »keine akute Bedrohung des Friedens«, gefährlich sei allenfalls Ahmadinedschad »mit seinem ungezügelten, unkontrollierten Temperament und seinen aggressiven Reden«. Die Lage am Brahmsee, wo Schmidt einen großen Teil seiner Zeit verbringt, war vollkommen friedlich, niemand verlangte, Schleswig-Holstein sollte von der Landkarte getilgt werden oder schlug eine Umsiedlung der Einwohner vom Nord-Ostsee-Kanal an den Suez-Kanal vor. Helmut Schmidt hatte keinen Grund zur Besorgnis und antwortete deswegen auf die Frage, wie »wir mit dem Iran umgehen« sollten, folgendermaßen: »Wir sollten gelassener sein, und insbesondere Washington sollte sich zurücknehmen.«

Was blieb, war die bange Frage, wie gelassen man reagieren sollte, falls Ahmadinedschad mit seinem »ungezügelten Temperament« zur WM anreisen sollte. Ein Staatsoberhaupt, hieß es, brauche kein Visum, es gebe keine Handhabe, ihm die Einreise zu verbieten. Seltsam an dieser formaljuristisch sicher korrekten Argumentation war nur, dass diesmal nicht einmal der Versuch unternommen wurde, das Problem mit einer europäischen Initiative zu lösen, wie das zur gleichen Zeit gegenüber dem Staatsoberhaupt von Weißrussland, Alexander Lukaschenko, passierte. Als Reaktion auf die Präsidentenwahlen vom 19. März beschlossen die EU-Außenminister ein europaweites Einreiseverbot für Lukaschenko und 30 Spitzenfunktionäre des Landes, darunter der Justizminister und Mitglieder der Wahlkommission.

Dabei soll Lukaschenko nur die Wahlen ein wenig manipuliert haben, er hatte keinem Land mit Vernichtung gedroht. War das sein Fehler?

Ahmadinedschad war smarter. Statt selber zur WM zu kommen, schickte er einen seiner zehn Vertreter, den weitgehend machtlosen und unbekannten Mohammed Aliabadi. Und schon passierte es. Die Nachrichtenagentur Reuters meldete, der Besuch sei »parteiübergreifend als Chance für eine Entspannung der belasteten Beziehungen begrüßt worden«. Parteiübergreifend bedeutete in diesem Fall: Sprecher von CDU, SPD und Grünen wollten die Chance nutzen, dem Iran den kleinen Finger als Appetizer zu reichen. Der Vorsitzende des Auswärtigen Ausschusses, Ruprecht Polenz (CDU), sagte:»Wenn sich informelle Kontakte am Rande der WM ergeben, sollte man sie nutzen ... Die Parallelität der sportlichen und politischen Präsenz ist eine Gelegenheit, nach Teheran Signale zu senden.« Der SPD-Fraktionsvize Walter Kolbow dachte schon über den Proviant nach, den er Aliabadi für die Heimreise mitgeben wollte: »Vielleicht ergibt sich die Gelegenheit, den Sport mit der Politik zu verbinden und (Aliabadi) das eine oder andere mit auf den Weg zu geben.« Und der neueste Außenexperte der Grünen, Jürgen Trittin, spürte Schmetterlinge im Bauch. »Der Besuch ist eines der Signale der Entspannung.« Und was waren die anderen? Hatte Aliabadi den Wunsch geäußert, das Berliner Holocaust-Mahnmal zu besuchen? Hatte er Angela Merkel auf einen Drink in die Paris Bar eingeladen? Hatte er ein Exemplar des Tagebuchs von Anne Frank in Farsi bei sich?

Dann klärten sich die Dinge so, wie es sich der Sicherheitsexperte der SPD-Fraktion, Dieter Wiefelspütz, gewünscht hatte: auf die sportliche Art. Die Iraner flogen schon in der Vorrunde aus dem Turnier, und die Frage, ob man einen Holocaustleugner, Judenhasser und Völkermord-Ankündiger willkommen heißen muss, nur weil er der Repräsentant eines Landes ist, in dem die Mullahs das Sagen haben, konnte unentschieden zu den Akten gelegt werden. Die Vorsehung meinte es wieder einmal gut mit den Deutschen.

Nur der bayerische Ministerpräsident Stoiber und sein Innenminister Beckstein hatten sich eindeutig verhalten und den iranischen Präsidenten von Anfang an zur Persona non grata erklärt.

Ganz zum Schluss ergriff der Chef der Grünen, Reinhard Bütikofer, die Gelegenheit, retroaktiven Mut zu beweisen. Auf einer Demo in Leipzig, wo die iranische Elf gegen die angolanische Auswahl spielte, nannte er den iranischen Präsidenten einen »Islamofaschisten«, ohne freilich auf den Stuss einzugehen, den Bütikofers Parteifreunde Trittin und Kuhn kurz vorher von sich gegeben hatten. Außerdem stand zu diesem Zeitpunkt schon fest, dass die Iraner nach Hause reisen und Ahmadinedschad nicht nach Deutschland kommen würde. So konnte Bütikofer noch ein Tor ehrenhalber schießen, das niemand mehr weh tat – am wenigsten ihm selbst.

Auch auf der großen Bühne ging das Schattenboxen weiter. Nach etlichen Kompromissangeboten und Fristen, die der Iran souverän verstreichen ließ, und ein halbes Jahr, nachdem die »Welt« gemeldet hatte, der Westen würde »die Geduld mit dem Iran« verlieren, meldete die dpa Anfang Juli: »EU drängt Iran zu rascher Antwort.« Der iranische Atom-Chefunterhändler Ali Laridschani hatte kurzfristig ein Treffen mit dem EU-Außenminister Javier Solana abgesagt, weil er es empörend fand, dass die Vorsitzende des »Nationalen Widerstandsrats« des Iran eine Pressekonferenz im Europa-Parlament in Straßburg geben durfte. Als das Treffen unter Druck der EU wenig später doch stattfand, signalisierte der Iraner »weitere Verhandlungsbereitschaft« und die Europäer vernahmen »positive Signale«.

So ging das Katz- und Maus-Spiel in die nächste Runde. Die Maus fletschte die Zähne und die Katze zog die Krallen ein.

Was heute der »Migrationshintergrund« ist, das war mal die Oma aus Schlesien. Sie saß den ganzen Tag in der Küche rum und verbreitete Schuldgefühle. War sie schlecht gelaunt, schaute sie stumm aus dem Fenster. War sie dagegen guter Laune, erzählte sie Geschichten von früher: dass in Ratibor alles schöner, besser und sauberer war. Oma war eine Nervensäge, aber ein harmloser Mensch, der sich nach etwas sehnte, das es nicht mehr gab. Nie wäre sie auf die Idee gekommen, das Essen aus dem Fenster zu werfen oder ihre Enkel zu schlagen, weil sie selbst als Kind Haus und Hof verlassen musste. Denn Oma hatte zwar einen »Migrationshintergrund«, sie hatte aber auch Manieren. Einer ihrer Lieblingssätze war: »Das macht man nicht.« Der Satz reichte, um sich im Leben zurechtzufinden.

Heute dagegen bedeutet »Migrationshintergrund« eine Art Freifahrtschein für alle Fälle. Wer einen »Migrationshintergrund« hat, der braucht nur noch in ganz extremen Fällen einen Anwalt, zum Beispiel wenn er einen Filmemacher auf offener Straße abschlachtet. Bei minderen Vergehen gegen Recht, Gesetz und Ordnung reicht der Hinweis auf den »Migrationshintergrund« gegenüber den Medien und der Öffentlichkeit, um umgehend Empathie mit dem Täter, Kritik am Verhalten des Opfers (»Ein Provokateur, der vor nichts und niemand Respekt hatte«) und die bewährte Frage zu evozieren: Was tun wir ihnen an, dass sie uns so hassen?

Diese Frage war es, die in ganz Frankreich diskutiert wurde, nachdem Ende Oktober 2005 in dem Pariser Vorort Clichy-sous-Bois Unruhen ausbrachen, die sich bald über große Teile des Landes ausbreiteten. Auslöser war der Tod zweier Jugendlicher, die sich auf der Flucht vor der Polizei in einem Transformatorenhäuschen versteckten und dabei tödliche Stromschläge erlitten. Daraufhin brannte es zuerst in Clichy-sous-Bois, dann in den »Banlieues« rund um Paris, wenig später auch in Dijon, Rouen, Le Havre und Marseille. Nacht für Nacht wurden hunderte von Autos abgebrannt, Schulen, Kindergärten und Geschäfte angezündet. Frankreich hatte seine »Intifada«, und die Franzosen, die so viel Geschick beweisen, wenn es darum geht, anderen mit guten Ratschlägen zu helfen, waren erst einmal ratlos.

Der bekannte Soziologe Michel Wieviorka beklagte ein »Versagen des republikanischen Integrationsmodells«, die randalierenden Jugendlichen fühlten sich seiner Meinung nach »ungerecht behandelt und von der Gesellschaft verachtet«, weswegen sie dazu neigten, »alles anzugreifen, was die Institutionen des Staates symbolisiert«. Wieviorkas Kollegen empfahlen, in so genannten »Problemvierteln«, wo Familien keine Orientierungshilfen mehr geben könnten, das Vereinsleben zu stärken und Beratungsstellen zur Stabilisierung des sozialen Gefüges einzurichten.

Zugleich geriet Innenminister Nicolas Sarkozy in den Fokus der Kritik. Er hatte die Brandstifter kurzerhand »Gesindel« genannt und angekündigt, ihnen mit »null Toleranz« zu begegnen. Worauf sich die Krawallmacher in ihrer Ehre gekränkt fühlten. »Le Monde« zitierte einen Jugendlichen aus einem der Vororte mit dem Satz: »Das ist der erst Anfang. Wir werden weitermachen, bis Sarkozy zurücktritt.« Warum der Jugendliche nicht gleich gefordert hatte, einen seiner Freunde zum Innenminister zu ernennen, blieb vorläufig sein Geheimnis.

In einer grotesken Umkehr von Ursache und Wirkung wurde Sarkozy für die Unruhen verantwortlich gemacht. Ein Sprecher der Polizeigewerkschaft warf ihm vor, die Randalierer »aufzustacheln«, auf diese Weise könne kein Dialog zustande kommen. Oppositionspolitiker forderten den Rücktritt des Innenministers, er sei, erklärte ein grüner Abgeordneter, als »Brandstifter und Kriegschef« mitverantwortlich für das Geschehen. Wahrscheinlich war er auch dafür mitverantwortlich, dass eine 56-jährige behinderte Frau, die sich aus einem brennenden Bus retten wollte, mit Benzin übergossen und schwer verletzt wurde.

Die Jugendlichen, so konnte man es überall lesen und hören, formulierten zwei »politische« Ziele: Sarkozy muss weg, und die Polizei soll verschwinden. Bei der Verbreitung ihrer Forderungen waren ihnen die vielen Journalisten behilflich, die ihr Quartier in Paris aufgeschlagen hatten, darunter auch die RTL-Reporterin Antonia Rados, die schon von der Front im Irak berichtet hatte. Sie begleitete eine Gruppe von Randalierern beim Autoabfackeln und stellte sie als »deklassierte Jugendliche«

vor. Sarkozy dagegen war der Scharfmacher, der das Öl ins Feuer goss; was in den Banlieues rund um Paris passierte, war das Ergebnis des »Versagens seiner Politik und seiner aggressiven Sprache«, analysierte die »taz« die Situation und vergaß nicht zu erwähnen, Sarkozy sei »ein bekennender Wirtschaftsliberaler und Bewunderer der angelsächsischen Politik«. Nur Kinderschänder, Kannibale und Koksdealer wäre noch schlimmer gewesen.

An einem einzigen Krawallwochenende gingen nach Polizeiangaben 2400 Objekte in Flammen auf – Autos und Gebäude, von der Bushaltestelle über den Kindergarten bis zum Krämerladen. Und je länger die Zerstörungswut tobte, umso feinsinniger und verständnisvoller wurden die Betrachtungen zu den Ursachen der Gewalt. Nur die Bewohner der Vororte, deren Infrastruktur zerstört wurde, organisierten Bürgerwehren, um die Welle der Gewalt zu stoppen, während die Intellektuellen über den rasenden Mob räsonierten wie Hobby-Pyromanen über die Schönheit des Feuers. »Ein bisschen wie Bagdad«, titelte die »Frankfurter Allgemeine«, »Jede Nacht Bagdad«, die »Süddeutsche«. Die »taz« brachte das Geschehen auf die dialektische Formel: »Es sieht aus, als ließe sich weniger das Scheitern von ›Multikultur‹ oder ›Integration‹ als vielmehr deren vorübergehendes Gelingen studieren.«

Nur wenige trauten sich, die romantischen Scheuklappen abzulegen und Klartext zu reden. Alain Finkielkraut gab der israelischen Zeitung »Ha'aretz« ein Interview, in dem er alle heiligen Kühe, an die ein guter europäischer Multikulturalist glauben muss, schlachtete. »In Frankreich verbucht man diese Unruhen unter ihrem sozialen

Aspekt und begreift sie als ein Aufbegehren der Jugendlichen aus den Vorstädten gegen ihre Lage, gegen die Diskriminierung, gegen die Arbeitslosigkeit. Das Problem aber ist, dass die meisten dieser Jugendlichen moslemische Schwarze und Araber sind. Sehen Sie, in Frankreich gibt es auch andere Einwanderer, deren Lage schwierig ist – Chinesen, Vietnamesen, Portugiesen –, aber die nehmen an den Ausschreitungen nicht teil. Deshalb besitzt diese Revolte einen klaren ethnisch-religiösen Charakter.«

Statt vom »Migrationshintergrund« zu reden, wies Finkielkraut auf den Unterschied zwischen Migranten und Migranten hin. Er warnte davor, die Wahrheit zu opfern, »wie nobel die Motive auch sein mögen«. Er sagte, dass es »nicht um alle Schwarzen oder alle Araber« geht, sondern nur um einige und dass die Religion eine Rolle spielt, »nicht als Religion, sondern als Fundament der Identität«. Lauter Selbstverständlichkeiten, die sich jedem Beobachter aufdrängten, wenn er sie nur wahrnehmen wollte.

Finkielkraut sprach von einem »Pogrom gegen die Republik«, von einem »retrospektiven Hass«, der sich gegen die Kolonialzeit richtet. Und da trat er ins nächste Fettnäpfchen. »Wir vermitteln nicht länger, dass man mit der Kolonialisierung auch versuchte, den Wilden Bildung und Zivilisation zu bringen.« Dass man die Krawallmacher heute »wie Rebellen oder Revolutionäre behandelt«, das habe ihn tief erschrocken. »Welche Verbindung gibt es zwischen Armut und Verzweiflung und der Zerstörung von Schulen, der Brandstiftung? ... Stellen Sie sich nur mal vor, diese Leute wären Weiße gewesen, wie in Rostock in Deutschland. Sofort hätte jeder gesagt: ›Faschismus wird nicht toleriert.‹ Aber wenn ein Araber eine Schule ansteckt, ist es eine Rebellion. Wenn ein Weißer das tut, ist es Faschismus. Ich bin ›farbenblind‹. Solche Taten sind schlechte Taten, egal welche Hautfarbe dahinter steht ...«

Finkielkraut benahm sich wie das Kind in Hans Christian Andersens Märchen von des Kaisers neuen Kleidern. Was er sagte, war nicht so wichtig wie die Tatsache, dass er einen allgemeinen Konsens verletzte. Es werde »keine Rückkehr zur Ruhe« geben, sondern »eine Rückkehr zu regelmäßiger Gewalt«. Am Ende resümierte er: »Ich habe verloren..., da gibt es etwas in Frankreich: ein Nichtwahrhabenwollen, dessen Ursprung bei den Soziologen und den Sozialarbeitern liegt – und niemand traut sich, etwas anderes zu sagen.«

Als »Le Monde« Teile des Interviews nachdruckt, fällt halb Frankreich über Finkielkraut her, man will ihn wegen »Anstiftung zu Rassenhass« anklagen und aus der Öffentlichkeit verbannen. Er muss sich erklären, rechtfertigen, entschuldigen, nur ein paar Freunde verteidigen sein Recht auf Meinungsäußerung. Kaum einer geht so weit, sich mit seinen Ansichten zu solidarisieren. Frankreich, die Heimat von Voltaire, Zola und Sartre, das Land, das den Amerikanern die Freiheitsstatue geschenkt hat, knick ein. Niemand will sich mit dem brandschatzenden »Gesindel« anlegen, bei Finkielkraut dagegen muss man nur mit scharfen Worten rechnen, die Gefahr, dass er sich mit einem Molotow-Cocktail Respekt verschafft, ist minimal.

Das von Finkielkraut konstatierte Nichtwahrhabenwollen, das von Soziologen und Sozialarbeitern ausgeht, ist keine französische Spezialität. In Deutschland ist die Situation nicht anders. Der Soziologe Michal Bodemann, der sich lange mit dem Antisemitismus beschäftigt hat, bevor auch er die »Islamophobie« entdeckte, nennt die sich häufenden Berichte über »Ehrenmorde« und andere Verbrechen »Gruselgeschichten«, die »mit einer erstaunlichen Ignoranz und Hysterie ... kolportiert« werden, »antimoslemische Hetze«. Er spricht von »Anpassungsproblemen vor allem von Menschen aus traditionellen Milieus« und rät zur Geduld: »All die hier dramatisierten Probleme sind aus anderen Einwandererländern hinlänglich bekannt und verschwinden nach der ersten oder zweiten Generation.« Ungeachtet der Tatsache, dass es eben die dritte Generation ist, die hinter die erste und zweite zurückfällt.

Werner Schiffauer, Professor für Kultur- und Sozialanthropologie, Migrationsforscher und Gerichtsgutachter in so genannten Ehrenmordprozessen, sieht die Debatte »mit großem Unbehagen, denn mit dem Etikett ›Ehrenmord‹ wird auch eine Lust am Schaudern bedient«.

Die jungen Männer, die ihre Schwestern umbringen, sind »deklassierte Jungs«, die einen »Ethnizitätsdiskurs pflegen: Wir sind super, wir sind den Deutschen überlegen, wir sind Türken«. Er spricht von einem »Desintegrationsproblem« und empfiehlt »Männerforschung« zu betreiben, »denn es sind ja die Männer, die mit ihrer Situation nicht klarkommen, wenn sie gewalttätig werden«.

Was Schiffauer damit sagen will, ist, dass der Staat (oder wer auch immer) mehr Geld für seine Projekte bereit stellen sollte, um die Situation der Männer zu erforschen, die einen Ethnizitätsdiskurs pflegen, den man ihnen dringend erklären muss. Denn rund um das Themendoppel »Migration/Integration« ist eine »cottage industry« entstanden, die von Zuwendungen lebt. Ähnlich wie »Eventmanager« und »Konkursverwalter« ist auch »Migrationsforscher« ein Beruf mit Zukunft.

Wie die Gegenwart dieser Branche aussieht, wurde am Rande des Karikaturenstreits klar, als 60 tatsächliche, angebliche, selbst ernannte und bis dato unbekannte »Migrationsforscher« in der »Zeit« einen offenen Brief an die deutsch-türkische Soziologin Necla Kelek schrieben, nachdem ihr Buch »Die verlorenen Söhne. Plädoyer für die Befreiung des türkisch-muslimischen Mannes« erschienen war. Ein Jahr zuvor hatte Kelek schon mit ihrem Buch »Die fremde Braut« für Aufsehen gesorgt, in dem sie das Sklavendasein moslemischer »Importbräute« in Deutschland beschrieb. Bei den »verlorenen Söhnen« ging es darum, warum sie scheitern. Nicht weil sie von der deutschen Gesellschaft diskriminiert, ausgegrenzt und sozio-ökonomisch benachteiligt werden, schreibt Kelek, sondern weil sie es nicht lernen, sich vom »Herdentier« zum »Individuum« zu emanzipieren, weil sie alles nachmachen, was ihnen die Väter vorleben und weil sie immer darauf achten, was die anderen über sie sagen, statt ein eigenes Gewissen zu entwickeln.

Das war mehr, als die mit Migranten befassten Gutmenschen verdauen konnten, die ihre Aufgabe in erster Linie darin sehen, das Bild des »edlen Wilden« zu verteidigen. In ihrem Appell (»Gerechtigkeit für die Muslime!«), der Anfang Februar in der »Zeit« erschien, greifen sie nicht nur Necla Kelek, sondern auch Ayaan Hirsi Ali und Seyran Ates an, zwei weitere moslemische Autorinnen, die über ihre Erfahrungen mit ihrer Religion geschrieben haben. »Bei diesen Werken handelt es sich um eine Mischung aus Erlebnisberichten und bitteren Anklagen gegen den Islam, der durchweg als patriarchale und reaktionäre Religion betrachtet wird«, heißt es in dem Manifest der 60, »um reißerische Pamphlete, in der (sic!) eigene Erlebnisse und Einzelfälle zu einem gesellschaftlichen Problem aufgepumpt werden …« Keleks »Analysen« seien »nichts mehr als die Verbreitung billiger Klischees über ›den Islam‹ und ›die Türken‹, angereichert durch schwülstige Episoden aus Keleks Familiengeschichte«.

Was die Autoren aber noch mehr aufregt als authentische Erlebnisberichte, die sie als »billige Klischees über den Islam und die Türken« abqualifizieren, ist die Tatsache, dass Kelek damit jenseits der universitären Forschungsgruppen wahrgenommen wird. Ihr Ziel sei es, »am Buchmarkt einen Erfolg zu landen und sich dabei selbst als authentische und vorgeblich wissenschaftlich legitimierte Ansprechpartnerin zu allem, was mit ›den Türken‹ oder ›dem Islam‹ zu tun hat, in Szene zu setzen«, nicht zufällig werde Kelek »von der taz bis zur ZEIT gerne konsultiert, wenn es darum geht, ›türkische‹ oder ›islamische‹ Verhaltensweisen zu deuten«.

Der Brief der 60 Migrationsforscher verströmt aus jeder Zeile den Neid von Leuten, die sich von der Öffentlichkeit nicht genug beachtet fühlen, obwohl sie »differenzierte wissenschaftliche Forschung« betreiben, während Necla Kelek für ihre »unseriösen Pamphlete« sogar den Geschwister-Scholl-Preis bekommen hat und das Bundesamt für Migration und Flüchtlinge beraten darf. Was für eine Schweinerei!

Von diesem Ausbruch akademischen Futterneids war die Chefin der Grünen, Claudia Roth, so angetan, dass sie ihn sogleich auf ihre Homepage setzte. Sie teile die Bedenken »ausdrücklich«, die Verbreitung der »Klischees über den Islam« schüre nur »einen Generalverdacht gegen Muslime« und leiste »einem Kampf der Kulturen und Religionen Vorschub«. Frau Roth, sonst bei jeder Demo gegen die Verletzung von Menschenrechten in Ozeanien ganz vorn dabei, warnte vor »politischer Demagogie« und »wissenschaftlicher Scharlatanerie« und forderte »dringend eine Versachlichung der Diskussion«. Deeskalation beginnt ja bekanntlich daheim.

So hanebüchen solche Beiträge zur wissenschaftlichen Leitkultur auch waren, sie machten deutlich, dass in Deutschland nicht über Phänomene an sich, sondern nur über die Art ihrer Wahrnehmung diskutiert wird, wobei es darauf ankommt, möglichst schnell auf den Punkt zu kommen, das heißt, den Schuldigen zu benennen. Und so wie die Dinge nun mal liegen, kann das nur »die Gesellschaft« sein. Ersatzweise auch »die Politik«. So schreiben die 60 »Migrationsforscher« in ihrem Manifest »Gerechtigkeit für die Muslime«, natürlich gebe es »arrangierte Ehen« als Folge von »Heiratsmärkten« zwischen den Herkunfts- und den Einwanderungsländern, man müsse solche Märkte nicht gut finden, sollte aber »ihren Entstehungskontext begreifen«, nämlich als »Ergebnis der Abschottungspolitik Europas gegenüber geregelter Einwanderung«.

Gewiss, wenn Europa sich nicht so blöde anstellen und alle Grenzen aufmachen würde, wären die türkischen Jungs nicht gezwungen, sich ihre Jungfrauen aus Anatolien zu holen, sie könnten sie auch gleich nebenan, bei Rudis Reste-Rampe, finden.

Dass Kelek selber Türkin ist und sich in dem Milieu, über das sie schreibt, gut auskennt, wurde ihr nicht zugute gehalten, sondern zum Vorwurf gemacht. So wie man früher Schwarze als »weiße Neger« beschimpfte, nur weil sie anderer Meinung waren als die Weißen, die sich der Sache der Schwarzen annahmen. Darin kommt ein Rassismus zum Ausdruck, der das Verhalten der Gutmenschen auch heute bestimmt: Wehe, die Objekte ihrer Fürsorge wollen sich nicht helfen lassen und entwickeln eigene Ideen darüber, was für sie gut oder nicht so gut sein könnte. Dann ist Schluss mit der multikulturellen Solidarität.

Kelek selbst reagierte auf die Attacken mit Argumenten und einer Ruhe, wie sie Therapeuten aufbringen, die mit verhaltensgestörten Kindern zu tun haben. Sie erzählte, dass sie mit dreizehn Jahren »Vom Winde verweht« gelesen und sich mit Scarlett O'Hara identifiziert hat. »In den meisten türkischen Familien gibt es so gut wie keine Bücher. Die Mädchen lernen kein eigenständiges Denken. Die Eltern sagen, wo es langgeht.« Es gebe unter den Muslimen »keinen Konsens darüber, wie der Islam in einer modernen Welt gelebt werden kann«. Und sie widersprach immer wieder der Unterstellung, die »Migranten« seien Opfer dieser Gesellschaft. »Das ist zu einfach. Auch sie selbst reproduzieren ihre Lage, indem sie zum Beispiel ihre Kinder arrangiert verheiraten und so aus dem Integrationsprozess dieser Gesellschaft herausreißen. Was gibt es Wichtigeres als das Recht auf selbstbestimmtes Leben und Freiheit?«

Solche Selbstverständlichkeiten brachten die »Migrationsforscher« noch mehr in Rage, denn wenn die Gesellschaft nicht der Alleinschuldige ist, entfällt auch der Ansatz, dass sich vor allem die Gesellschaft ändern müsse, wenn die Lage der Migranten verbessert werden soll. »Fälle von Gewalt gegen Frauen, Zwangsverheiratungen, Polygamie, Ehrenmorde sind in unserer Gesellschaft unter Migranten nun mal Fakt und kein Vorurteil«, so beschrieb Kelek die Situation; es seien zudem »Praktiken, die alle mit dem deutschen Grundgesetz kollidieren«. Und sie fand es seltsam, »mit welchen Widersprüchen« ihre Gegner sich abgefunden hätten: »Da wird für die gleichgeschlechtliche Ehe gestritten und gekämpft, und dieselben Leute weigern sich, mit der gleichen Vehemenz für das gleichberechtigte Verhältnis zwischen Mann und Frau zu kämpfen – zumindest wenn es dabei um Muslime geht.«

Es war das reine Vergnügen zu sehen, wie es eine einzige Frau mit einer ganzen Kompanie von »Migrationsforschern« aufnahm und sie mit einer einzigen Frage ins Aus beförderte: »Was haben alle diese Migrationsforscher all die Jahre mit ihren Mitteln und ihren Stellen getan, und was haben sie übersehen, dass so viele Probleme nicht erkannt wurden?«

Wären die Migrationsforscher so ehrlich gewesen, wie sie vorlaut waren, hätten sie antworten müssen: Wir haben wissenschaftliches Appeasement getrieben, wir haben vor der Wirklichkeit kapituliert. Wir haben das Schicksal der Migranten romantisiert, wir haben aus ihnen edle Wilde gemacht und sie unter Naturschutz gestellt. Aber es hat uns Spaß gemacht, denn wir hatten die Mittel, Forschungsprojekte zu realisieren, Seminare abzuhalten und Konferenzen zu besuchen.

Freilich, ein solches Geständnis wäre zu viel des Guten gewesen, und deswegen legte Kelek noch einmal nach, indem sie auf verwandte Phänomene in der Vergangenheit hinwies: »Diejenigen, die mir heute vorschwärmen, wie nestwarm und solidarisch es in der türkischen Community zugeht, sind dieselben, die in den Achtzigern den Dissidenten aus dem Osten erklärt haben, was für eine großartige Angelegenheit der Kommunismus sei ... Genauso ist es heute, da verteidigen Leute die türkisch-muslimische Lebensform, die in ihrem Leben noch keinen Schritt tiefer in diese Gesellschaft vorgedrungen sind als bis zum Tresen ihres netten Gemüsehändlers.«

Der Schriftsteller Peter Schneider war einer der wenigen, die so ein Abenteuer wagten. Er sah und hörte sich im islamischen Milieu um und fand vieles, was den professionellen »Migrationsforschern« entgangen war. Mit Staunen stellte er fest, dass allein in Berlin etwa 4000 moslemische Grundschüler Unterricht von Lehrern erhalten, die von der Islamischen Föderation eingestellt und vom Land Berlin bezahlt werden, ohne dass der Schulsenator die Möglichkeit hätte, den Unterricht, der oft auf arabisch oder türkisch abgehalten wird, zu kontrollieren. Auch sei die Zahl der Mädchen, die mit Kopftüchern zur Schule kommen, »sprunghaft angestiegen« und es häuften sich Abmeldungen vom Schwimm- und Sportunterricht und von Klassenreisen. Vorsichtig, wie es seine Art ist, formulierte Schneider eine Erkenntnis, die er selbst vor fünf oder zehn Jahren als absurd verworfen hätte: »Es zeigt sich, dass die jahrzehntelang verschleppte Integrationspolitik in Deutschland nur eine Seite des Problems darstellt. Die andere Seite besteht in der aktiven Verweigerungshaltung eines Teils der moslemischen Gemeinschaft.«

Schneider las die Bücher von Necla Kelek, Serap Cileli und Seyran Ates und es fiel ihm wie Schuppen von den Augen: »In den Büchern der drei moslemischen Dissidentinnen liest man nun, was Deutsche wie ich nicht wussten und nicht so genau wissen wollten. Was sie berichten, erscheint unglaublich. Sie erzählen von einem Alltag der Unterdrückung, Isolation, Gefangenschaft, Ausbeutung und brutaler körperlicher Züchtigung moslemischer Frauen und Mädchen in Deutschland, auf die nur ein Name passt: Sklaverei.« Solche Texte, dazu noch von einem »Altlinken«, der seine eigenen Versäumnisse reflektierte, konnte man an den Fingern einer Hand abzählen.

Renée Zucker kam zu ähnlichen Einsichten wie Peter Schneider. »Von muslimischen Strafgefangenen, die wegen ›Ehr‹-Delikten, also Mord, Verätzung oder Verstümmelung von Frauen, im Knast sitzen, ist zu hören, dass sie sich keiner Schuld bewusst sind. Sie hätten etwas getan, was ihre Kultur von ihnen fordert. Eine Kultur, in der sich Frauen nicht aussuchen dürfen, mit wem sie ihr

Leben verbringen wollen, und bei Zuwiderhandlung getötet werden dürfen, ist nicht nur mit unserer nicht zu vereinbaren, sie verdient nicht den Namen Kultur, sondern ist Barbarei.«

Zafer Senocak, wie Necla Kelek in der Türkei geboren, ging noch einen Schritt weiter und sprach von der »muslimischen Libidodiktatur«, die vom »Gehorsam der Frau und der strengen Einhaltung der Regeln« lebt. »Der Islam sexualisiert nicht nur die Geschlechter, sondern auch den Raum, in dem sie sich bewegen. So entsteht eine strenge Geschlechtertrennung, das Gebot für Frauen, sich zu verhüllen, in letzter Konsequenz ihre Verbannung aus dem öffentlichen Leben.«

Aber der Mainstream der Kulturarbeiter, die alles verstehen und alles auf gesellschaftliche Ursachen zurückführen, erwies sich als immun gegen solche Analysen. Robert Misik, der schon als Marxist auf die Welt gekommen und es bis heute geblieben ist, brachte eine neue Allzweckwaffe aus dem Arsenal des dialektischen Materialismus in Stellung: den Begriff »Islamophobie«: »Wer den Islamismus bekämpfen will, darf sich darum auch nicht ›weigern‹, von der Islamophobie zu sprechen – schließlich treibt diese ja die Moderaten in die Hände der Radikalen.« Unklar blieb, warum es immer die Moderaten sind, die in die Hände der Radikalen »getrieben« werden – und nie umgekehrt.

Warum die Riege der Gutmenschen aus Politik, Medien und Wissenschaft nie um eine kommode Ausrede verlegen und allzeit bereit ist, beide Augen zuzudrücken, ist einfach zu erklären. Erstens macht es viel mehr Spaß, sich für die Befreiung Palästinas und der Gefangenen von Guantanamo einzusetzen, weil man dafür nichts anderes tun muss, als auf die Straße zu gehen und ein Poster in die Luft zu halten. Hinzu kommt, dass solche Aktionen garantiert folgenlos sind. Kein Demonstrant wäre gehalten, einen der Gefangenen von Guantanamo bei sich zu Hause aufzunehmen, mit ihm Tisch, Bad und Küche zu teilen, um ihm bei der Rückkehr ins normale Leben zu helfen. Würde er sich aber mit derselben Intensität um die verletzte Menschenwürde der »Importbräute« sorgen, hätte er bald deren Männer, Brüder und Väter am Hals. Ein letzter Rest seiner längst erloschenen Wirklichkeitswahrnehmung signalisiert ihm, dass ihm das nicht gut bekäme. Da unterschreibt er lieber eine Resolution gegen Zwangsprostitution und genießt zwischen zwei Margaritas das Gefühl, sich ganz toll engagiert zu haben. Es geht also nicht darum, etwas zu tun, sondern darum, so zu tun, als ob man etwas täte.

Die »aktive Verweigerungshaltung«, die Schneider in einem Teil der moslemischen Gemeinschaft ausgemacht hat, findet sich also auch in der »Mehrheitsgesellschaft«. Wissend, dass es ein Problem gibt, dem man nicht gewachsen ist, entscheidet man sich für aktive Ignoranz, organisiert Straßenfeste, gemeinsame Gottesdienste zu Mohammeds Geburtstag, Konferenzen zum Dialog der Kulturen, kurzum, man agiert wie der Kapitän der »Titanic«, der das Bordorchester aufspielen lässt, um den Passagieren den Untergang so angenehm wie möglich zu gestalten.

Man könnte natürlich den kleinen Spielraum, der übrig geblieben ist, auch anders nutzen. Wenn man kaum noch etwas zu verlieren hat, kann man sich mehr Mut erlauben. Der Börsenverein des Deutschen Buchhandels hätte vor Jahren den Friedenspreis des Deutschen Buchhandels statt an die »Islamkennerin« Annemarie Schimmel an den von Islamisten bedrohten Salman Rushdie verleihen und damit demonstrieren können, was der Börsenverein von der Todesfatwa gegen Rushdie hält, die von Frau Schimmel mit großem Verständnis kommentiert wurde. Die deutschen Zeitungen hätten, statt »Jyllands-Posten« allein zu lassen, die Mohammed-Karikaturen nachdrucken sollen, nicht nur als eine Kundgebung der Solidarität, sondern auch als Warnung an den islamistischen Volkssturm: Ihr könnt toben, so viel Ihr wollt, wir lassen uns nicht beeindrucken und nicht erpressen. Jede Konzession, jeder Artikel, in dem davor gewarnt wurde, Öl ins Feuer zu gießen, jede Entschuldigung eines Politikers oder Firmenmanagers, die sich um einbrechende Umsätze und Gewinne sorgten, war eine Aufforderung an den rasenden Mob, weiter zu machen.

Wie der Genosse Zufall es wollte, kamen im Frühjahr 2006 drei mediale Großevents zusammen: der Karikaturenstreit, die Diskussion um Ehrenmorde und andere Familienverbrechen in »Migrantenfamilien« und die Entdeckung, dass es an vielen deutschen Schulen zugeht wie in einem Piranha-Becken. Allen gemeinsam war, dass sie erstens um das Thema »Gewalt« kreisten und zweitens nichts als Ratlosigkeit evozierten.

Ende März wurde bekannt, dass die Rektorin der Rütli-Schule in Berlin-Neukölln im Auftrag der Lehrerkonferenz einen Brief an den Schulsenator geschrieben und ihn gebeten hatte, die Schule aufzulösen. In dem Brief hieß es, ein geordneter Unterricht finde nicht mehr statt, die Stimmung sei geprägt von Zerstörung, Gewalt und menschenverachtendem Verhalten, Lehrer würden ignoriert und oft auch attackiert, in bestimmte Klassen gingen sie nur noch mit Handys, um im Notfall Hilfe holen zu können. Die Belastung sei unerträglich geworden, die Schule am Ende der Sackgasse angekommen, die Lehrer am Rande ihrer Kräfte.

Der Anteil der Kinder deutscher Herkunft an der Rütli-Schule, also ohne »Migrationshintergrund«, liegt knapp unter 20 Prozent, der Anteil der Kinder »arabischer Herkunft« dagegen bei 35 Prozent, der »türkischer Herkunft« bei 26 Prozent. Wer unter solchen Umständen den Ton auf dem Schulhof angibt und wer ein »Integrationsproblem« hat, liegt auf der Hand. Die Schüler deutscher Herkunft werden als »Schweinefleischfresser« beschimpft; sie versuchen, sich der Mehrheit anzupassen, indem sie bewusst gebrochen Deutsch sprechen, um weniger aufzufallen.

»Das hat es selbst in Berlin noch nicht gegeben: Verzweifelte Lehrer fordern die Behörden auf, ihre völlig in Gewaltexzessen versinkende Schule komplett aufzulösen«, staunte ein Kommentator des Berliner »Tagesspiegel«.

Der »Notruf aus Neukölln« löste eine Diskussion über die Zustände an deutschen Schulen mit einem hohen Anteil an »Migrantenkindern« aus. Die Rütli-Schule war nur die Spitze eines Eisbergs, der größer war und tiefer reichte, als alle angenommen hatten. Selbst der Berliner Schulsenator war oder tat überrascht. Er habe, erklärte er, von den Vorgängen erst aus der Zeitung erfahren. Alle fragten: Wie konnte es so weit kommen? Was ist nur schief gelaufen? Und was muss jetzt unternommen werden, damit es nicht noch schlimmer wird.

Es war eine jener redundanten Debatten, wie sie immer wieder in unregelmäßigen Abständen ausbrechen, mal über die Leitkultur, mal über den Patriotismus und mal eben über die Gewalt an den Schulen. Aber diesmal war ein Detail anders. Man sprach nicht nur über den »Migrationshintergrund«, es wurden auch die beteiligten Ethnien beim Namen genannt. »Früher haben die Türken die Afrikaner gejagt«, erzählte ein Anwohner einer Berliner Zeitung, »jetzt jagen die Araber die Türken«.

So wurde der Begriff »Multikulti« mit neuem Leben gefüllt. An der Rütli-Schule wurden »polizeiliche Eingangskontrollen« eingerichtet, die Schüler nach Waffen gefilzt, dazu zwei Schulpsychologen abkommandiert, um das Kollegium zu stabilisieren, und zwei Sozialarbeiter, die Türkisch und Arabisch sprechen, um unter den Schülern zu vermitteln.

Nur einen Tag, nachdem die Zustände an der Rütli-Schule bekannt wurden, gaben acht Berliner Hauptschulleiter eine Erklärung ab, in der es unter anderem hieß: »Die Situation an den Berliner Hauptschulen ist geprägt von Hoffnungslosigkeit desillusionierter, gewaltbereiter Jugendlicher, die nicht nur Schüler attackieren, sondern streckenweise keinen geordneten Unterricht ermöglichen.«

Auch aus anderen, bislang als friedlich eingeschätzten Regionen der Republik kamen Alarmmeldungen. In Rheinland-Pfalz würden an 66 Prozent aller Schulen Sozialarbeiter eingesetzt, Dortmunder Lehrer suchten vergeblich nach Alternativen gegen das »Gesetz der Faust« und lokalisierten das Problem in den Familien, die ihre Kinder nicht dazu erziehen, »Konflikte ohne Gewalt zu lösen«. In einem Bericht aus einer Hamburger Schule (»Es zählt die Gang«) sagten Emin, Okan und Bülent Sätze, wie sie Necla Kelek bei ihren Interviews immer wieder gehört hat: »Unsere Väter haben uns eingeflößt, wie man sich als echter Mann behaupten muss, in unserer Kultur ist das so. Wer uns schief kommt, wer uns nicht genügend Respekt erweist, der bekommt die Quittung.« Im ZDF-Journal richtete eine Kopftuch tragende Schülerin eine Warnung an die Deutschen: »Ohne uns seid ihr nichts!«

Wie die Sache mit dem Respekt und der Quittung auch außerhalb der sozialen Brennpunkte funktioniert, erlebten die Lehrer einer Hauptschule in Berlin-Charlottenburg, einem so genannten »guten« Viertel. Zehn bis fünfzehn »mutmaßlich arabische Männer mit Messern und Totschlägern« stürmten eine zehnte Klasse, um einen schwarzen Schüler zur Rechenschaft zu ziehen. Dem Lehrer gelang es rechtzeitig, den Schüler in einem Nebenraum einzuschließen, worauf sich das Überfallkommando einen anderen Schüler schwarzer Haufarbe griff und ihn verprügelte. Der Lehrer, der diese Geschichte dem »Tagesspiegel« erzählte, bestand darauf, nicht mit Namen genannt zu werden. Auch von diesem Vorfall hatte der Schulsenator nichts erfahren.

Ein anderer Fall machte die Grenzen der Polizeigewalt deutlich. Ein 15-jähriger deutscher Schüler wurde eine Woche lang von der Polizei zur Schule begleitet, nachdem er von einem 13-jährigen arabischen Mitschüler bedroht und von dessen Clique verprügelt worden war. Die Täter, berichtete der »Tagesspiegel«, gehörten einer bekannten arabischen Gang an, »die seit Jahren den Kiez terrorisierte«. Warum die Polizei den deutschen Schüler auf dem Schulweg schützte, statt die seit Jahren ihr Unwesen treibende Gang von der Straße zu holen, blieb ungeklärt. In Kreuzberg kann es vorkommen, dass Polizisten, die einen Jugendlichen mit »Migrationshintergrund« festnehmen wollen, sich zuallererst mit seiner Gang rumschlagen müssen, die die Festnahme verhindern will.

Alles in allem wurden im Jahre 2005 genau 849 Fälle von Gewalt an Berliner Schulen gemeldet, wobei nicht alle so spektakulär wie die in Neukölln und Charlottenburg waren. 2006 dürften es nicht weniger werden.

Über die Frage, wie man das Problem wieder in den Griff bekommen könnte, kommt es zu einem permanenten Wettbewerb der Ideen. Niedersachsens Innenminister Uwe Schünemann will gewalttätige Computer- und Videospiele verbieten. Er traue der Selbstkontrolle der Hersteller nicht, so der CDU-Politiker. Und er könne den wissenschaftlichen Streit darüber, ob die so genannten »Killerspiele« langfristige Auswirkungen auf das Verhalten von Jugendlichen haben, nicht nachvollziehen.

Der brandenburgische Innenminister Jörg Schönbohm schlug die Einführung einer »Schnupperknast«-Regelung vor. Gewalttätige Schüler sollten der Schule verwiesen und für einige Tage in Jugendarrest genommen werden. Die ehemalige Bundestagspräsidentin Rita Süßmuth sprach sich für »verbindliche Elternkurse« aus, »auch für deutsche Familien«. Der saarländische Ministerpräsident Peter Müller wollte diejenigen Migranten, die sich weigerten, an »Integrationskursen« teilzunehmen, bestrafen lassen.

So lief die Diskussion in den eingefahrenen Bahnen: Mehr Staat, mehr Geld, mehr Sozialarbeiter, mehr Anreize, mehr Gebote und Verbote, mehr Fordern und Fördern, mehr Verständnis, mehr Dialog, Hauptsache mehr. Bis der »Tagesspiegel« Mitte Mai mit einer überraschenden Geschichte erschien: »Ausländer bevorzugen Schulen ohne Ausländer«. Unter den türkischen Migranten gebe es »immer mehr bildungsbewusste, die auch vor einem kostspieligen und schwierigen Umzug nicht zurückschrecken, damit es ihren Kindern im sozialen Fortkommen besser geht als ihnen«. Sie würden alles unternehmen, um ihre Kinder an Schulen mit einem möglichst kleinen Anteil an Ausländern zu schicken. Vor allem unter Migranten aus Vietnam habe Bildung »oberste Priorität«, deswegen seien die vietnamesischen Kinder »meistens sehr leistungsstark«, schon die zweite Generation der Vietnamesen sei »sprachlich und kulturell in Deutschland verortet«.

Man kann wohl ohne große empirische Studien davon ausgehen, dass die Vietnamesen ebenso wie die Türken und alle anderen Migranten nicht mit einem Business-Class-Ticket in Deutschland einschweben, dass niemand ihnen den roten Teppich zum Empfang ausrollt, dass sie aus kleinen Verhältnissen kommen und enorme Schwierigkeiten überwinden müssen, bevor sie in der Lage sind, eine Inszenierung von Claus Peymann am Berliner Ensemble zu verstehen. Warum schaffen es dann die Vietnamesen (wie die meisten anderen Asiaten), sich zu integrieren, obwohl auch sie in Ghettos und »Parallelgesellschaften« leben, zu Hause ihre Muttersprachen sprechen, im Wok kochen und natürlich auch dazu neigen, untereinander zu heiraten?

Vielleicht weil sie aus einer Kultur kommen, in der Arbeit und Lernen zu den primären Tugenden gehören, während es bei den Moslems aus der Türkei und den arabischen Ländern (natürlich mit Abstufungen) vor allem die Ehre, der Respekt und die Unterwerfung sind. Hier stößt eine Kultur des Fleißes und der Betriebsamkeit mit einer Kultur der Scham und der Schande zusammen, die auf jede »Provokation« beleidigt und aggressiv reagiert. Kaum denkbar, dass ein vietnamesischer Vater, dessen Sohn einen Lehrer angegriffen hat, das Verhalten mit dem Satz rechtfertigt: »Er musste sich nur verteidigen.« Was wirklich passiert ist: Ein 12-jähriger türkischer Junge, wegen gewalttätigen Verhaltens schon öfter aufgefallen, schickt mit einem einzigen gezielten Faustschlag die 62-jährige Lehrerin zu Boden, was seine Mutter als ein »Versehen« erklärt: »Mein Sohn hat nicht absichtlich geschlagen.«

Es ist diese Weigerung, Verantwortung für das eigene Handeln zu übernehmen, das Necla Kelek beschreibt und das dazu geführt hat, dass fast jeder Täter das Opferprivileg für sich reklamiert. Er ist ein Opfer seiner Erziehung, der Gesellschaft, der Umstände – in Wirklichkeit ist er aber vor allem das Opfer der sozialpädagogisch dilettierenden Kapitulanten, die ihm all das einreden, weil es die einfachste Art ist, mit dem Phänomen fertig zu werden.

Hinzu kommt, dass sich in den letzten Jahren eine Kultur der Gewalt und der Gewaltakzeptanz etabliert hat, was seltsam anmuten muss, weil es doch vor allem junge Menschen, Schüler und Lehrlinge sind, die sich auf Friedensdemos in PACE-Fahnen hüllen, »Gewalt ist keine Lösung!« und »No blood for oil« schreien. Aber das Bild führt in die Irre; man sollte nicht alle Friedensfreunde unter den Generalverdacht des Pazifismus stellen. Es kommt darauf an, wer bombt und tötet. Am Rande der Demos gegen den Krieg im Irak wird für den »irakischen Widerstand« gesammelt, dessen Terror Tausende von Irakern das Leben gekostet hat, normale Menschen, die auf einem Markt einkaufen oder in einem Café die Zeitung lesen wollten. Deren Blut darf vergossen werden, sie sterben für eine gerechte Sache. Einer der Wortführer des militanten Pazifismus in der Bundesrepublik begründet dies so: »Der irakische Widerstand mag grausam, nihilistisch und primitiv sein. Doch er hat die amerikanischen High-Tech-Hunnen in ihrem Vormarsch aufgehalten. Gäbe es den irakischen Aufstand nicht, stünden Bushs Truppen wahrscheinlich schon in Teheran.« Oder in Berlin-Friedrichshain.

Und dann ist da noch der legitime und revolutionäre Widerstand der Palästinenser gegen Vertreibung und Völkermord. Übrigens der einzige Völkermord in der Geschichte, bei dem die Bevölkerung nicht dezimiert wurde, sondern sich kräftig vermehrt hat – um den Faktor 9. Wohl deswegen weisen Kommentatoren bei jedem Anschlag darauf hin, dass die Palästinenser keine anderen Mittel haben, um sich gegen das an ihnen begangene Unrecht zu wehren. Auf deutschen Universitäten gibt es Vorlesungen und Seminare über die »Ethik des Terrors«, und sogar in der ARD und im ZDF ist gelegentlich von »Widerstandskämpfern« die Rede, wenn eigentlich nur Terroristen gemeint sein können, die sich in Cafes und Bussen in die Luft sprengen.

Dieselben Leute wundern sich dann über türkische Jugendliche, die sich ihren extra Kick im »Tal der Wölfe« holen. Die Kids jubeln, wenn Amis in kleine Stücke zerlegt werden, und klatschen Beifall, wenn es Juden an den Kragen geht. Unfähig, gegen die eigenen Eltern zu rebellieren, gefangen in einem Käfig aus Tradition und Repression, toben sie ihren Frust an der eigenen Lage und ihren Hass gegen die »Gesellschaft« auf der Straße aus. Den Eltern ist das recht, so bleibt der Hausfrieden erhalten. Und die Gesellschaft bringt ihnen viel Verständnis entgegen, fragt nach ihren Motiven, schickt Sozialarbeiter los und vergibt Forschungsaufträge an Migrationsforscher. Das Ergebnis der gebündelten Anstrengungen ist so dünn, dass es in eine Pita passen würde: Gewalt ist geil! Und wer am lautesten schreit, wird am ehesten gehört.

So führt eine direkte Linie von der Al Qaida im Irak und der Intifada in Palästina zu den Jugendlichen mit »Migrationshintergrund« in Neukölln und Moabit. »Man hat das Gefühl«, schreibt Necla Kelek, »die Muslime wollen im Verbund mit den Nationalisten ausprobieren, ob und wie sie dem Westen die Stirn bieten können. Sie demonstrieren gegen die Mohammed-Karikaturen, feiern im Kino schon mal einen Sieg gegen die Amerikaner«.

Das erstaunliche Selbstbewusstsein der moslemischen Jugendlichen, die ihre Mitschüler »Nutten« und »Schweinefleischfresser« schimpfen, speist sich nicht aus Erfolg oder Leistung, sondern aus ihrer Gruppenzugehörigkeit. Osama Bin Laden zeigt der ganzen Welt den Stinkefinger – sie machen es auf dem Schulhof und in der U-Bahn.

Derweil veranstaltet der Zentralrat der Juden gemeinsam mit der Türkisch Islamischen Union der Anstalt für Religion ein Symposium über »Antisemitismus, Islamophobie und Fremdenfeindlichkeit« und gibt damit dem Phantombegriff »Islamophobie« den Anschein des Realen. Der grüne Abgeordnete Hans-Christian Ströbele schlägt die Einführung eines muslimischen Feiertages und zum Ausgleich die Streichung eines christlichen Feiertages vor, und die EU arbeitet an einem politischen Wörterbuch für den Hausgebrauch ihrer Bürokraten, in dem der vieldeutige Begriff »Dschihad« nicht mehr vorkommen soll und das diskriminierende Wort »Terrorist« vermutlich auch nicht.

In Holland ist man schon einen wichtigen Schritt weiter. Die Rektoren der holländischen Universitäten (mit Ausnahme der Rijksuniversiteit Groningen und der Vrije Universiteit Amsterdam) einigen sich Anfang Juli darauf, die akademische Freiheit zu begrenzen, um kritische Äußerungen über den Islam zu unterbinden. Als erster wurde der Historiker Pieter W. van der Horst von der Universität Utrecht gemaßregelt. Er wollte in seiner Abschiedsvorlesung sagen, der Judenhass der Nazis sei von der »islamischen Welt angenommen« worden, die »Islamisierung des europäischen Antisemitismus« sei eine der »erschreckendsten Entwicklungen der letzten Jahrzehnte«. Seine Vorlesung wurde vom Rektor der Uni Utrecht zensiert, die Sätze über den islamischen Antisemitismus gestrichen. Als Begründung seiner Maßnahme, die von der Rektorenkonferenz gebilligt wurde, gab der Utrechter Rektor an, die Vorlesung wäre »unwissenschaftlich« und dazu geeignet, »einzelne Gruppen der Gesellschaft gegeneinander aufzuhetzen«. Zudem bestünde die Gefahr, dass moslemische Studenten die Veranstaltung stören könnten. In einem solchen Falle könnte die Universität die Sicherheit des Professors nicht garantieren.

Das liberale Holland nahm das Diktum gelassen hin, so als wäre auf der Prinsengracht ein geparktes Auto rückwärts ins Wasser gerollt. Die Ermordung des Filmemachers Theo van Gogh durch einen fanatischen Moslem war allen noch in frischer Erinnerung.

Nur nicht provozieren, die Terroristen könnten ja noch böser werden.

Ein Op-Ed ist ein »Opposite Editorial«, eine Kolumne oder ein Kommentar, das Gegenstück zum »Editorial«, das die Linie der Zeitung wiedergibt. Op-Eds sind namentlich gezeichnet, die Editorials sind es meistens nicht. In Amerika gehören Op-Eds zur Debattenkultur, in der »New York Times« kommen rechte und linke, konservative und liberale Stimmen in den Op-Eds zu Wort.

Am 14. Juni erschien in der »New York Times« unter der Überschrift »Detainees in Despair« (Verzweifelte Gefangene) das Op-Ed eines bis dahin unbekannten Kolumnisten: Mourad Benchellali. In einer Fußnote am Ende des Artikels wurde erklärt, um wen es sich handelt: Benchellali habe ein Buch über seine Erfahrungen in einem Al-Qaida-Lager und im Guantanamo-Camp geschrieben, zusammen mit Antoine Audouard, der ihm auch beim Schreiben des »New York Times«-Artikels geholfen und ihn aus dem Französischen übersetzt habe.

In dem Op-Ed für die »New York Times« beschreibt Benchellali, wie er im Jahre 2001, damals 19, von Frankreich aus in ein Al-Qaida-Lager kam. Er habe den Fehler gemacht, auf seinen älteren Bruder zu hören und nach Afghanistan zu gehen, »für einen Traum von einem Urlaub«. Die Freunde seines Bruders sollten sich um ihn kümmern, aber stattdessen brachten sie ihn an einen Ort, der sich als ein Al-Qaida-Trainingscamp erwies. Da sei er zwei Monate geblieben, mitten in der Wüste, »ein Gefangener der Angst und meiner eigenen Dummheit«.

Als es dann Zeit wurde, wieder nach Hause zu fahren, erfuhr er »mit Schrecken« von den Anschlägen des 11. September. Da die Grenze nach Pakistan gesperrt war, musste er Afghanistan über den Hindukusch verlassen, zusammen mit einer Gruppe von Leuten, die wie er »auf der Suche nach einem Abenteuer nach Afghanisten gelockt worden waren« und nun nichts anderes als endlich heim wollten.

Nachdem es ihm gelang, die Grenze zu überqueren, wurde er von der pakistanischen Polizei verhaftet, als er in einer Moschee einen Tee zu sich nehmen wollte. Ein paar Tage darauf wurde er den Amerikanern übergeben, die ihn dann nach Guantanamo brachten, wo er zweieinhalb Jahre gefangen gehalten wurde – ohne Anklage, ohne Verhandlung, ohne Urteil. Das Schlimmste in dieser Zeit, schreibt Benchellali, »war die Verzweiflung, das Gefühl, dass es völlig egal ist, was du sagst«. Einmal, nachdem er einen Lügendetektor-Test bestanden hatte und hoffte, daraufhin entlassen zu werden, bekam er eine Packung Süßigkeiten, sonst nichts. »Ich bin ein stiller Moslem«, heißt es weiter in dem Op-Ed, »ich habe gegen niemand Krieg geführt, ich war nicht antiamerikanisch und bin es heute noch immer nicht«. Er habe in Guantanamo einige Dschihadisten getroffen, »deren Seelen voller Hass waren«, aber in den meisten Gesichtern, an die er sich erinnern könne und die ihn seither im Schlaf verfolgen, sah er nur »Verzweiflung, Leiden, Nicht-Verstehen-Können und stummen Wahnsinn«. Der Artikel endet mit den Worten: »Es ist ein System von maßloser Grausamkeit, das nicht in der Lage ist, die Unschuldigen gehen zu lassen und die Schuldigen zu bestrafen.«

Mourad Benchellali verlor kein Wort darüber, mit welchen Übungen er sich im Al-Qaida-Camp die Zeit vertrieben hatte, vielleicht weil er nicht einem Verfahren vorgreifen wollte, das ihn in Paris wegen seines Ausflugs nach Afghanistan erwartet. Überhaupt stand in dem Text wenig, das dazu angetan war, sein Verhalten zu erklären. Was hatte er sich für den »Traumurlaub« vorgenommen? Konnte er das Camp, in das er sich verlaufen hatte, nicht eher verlassen? Hat er seinen Bruder und dessen »Freunde« hinterher zur Rede gestellt? Der ganze Text war, auf eine geschwätzige, kitschige und larmoyante Art, nichtssagend.

Am selben Tag, da das Op-Ed in der »New York Times« erschienen war, meldete AP aus Paris, ein Gericht habe 25 Angeklagte wegen Bildung einer kriminellen Vereinigung mit terroristischer Zielsetzung verurteilt. Die fünf Hauptangeklagten seien zu Strafen von acht bis zehn Jahren verurteilt worden.

Die höchste Strafe von zehn Jahren habe der Angeklagte Menad Benchellali bekommen, der Experte für chemische Verbindungen. Sein Vater, Chellali Benchellali, ein Imam, sei zu 18 Monaten mit Bewährung verurteilt worden, weit weniger als die sechs Jahre, die der Staatsanwalt beantragt hatte. Die Benchellali-Familie sei der Mittelpunkt des Verfahrens gewesen. Auch Mutter Hafsa und ein weiterer Sohn, Hafed, seien angeklagt und verurteilt worden.

Im weiteren Verlauf der Geschichte wurde rekapituliert, wie die Gruppe aufgeflogen ist, was alles in ihrem Besitz gefunden wurde – unter anderem das hochwirksame Gift Rizin – und von welchen Zielen eines Anschlages bei den Vernehmungen die Rede war: die Russische Botschaft, eine Polizeistation und der Eiffelturm. Die Verteidigerin eines der Angeklagten sah die Sache anders: »Sie wurden verurteilt, weil sie Moslems sind.«

Einen Tag nach der AP-Meldung und nach dem Op-Ed von Mourad Benchellali erschien in der »New York Times« vom 15. 6. ein Bericht ihres Korrespondenten Craig S. Smith (»25 Sentenced for Plotting Paris Terror Attacks«), der sich im wesentlichen auf die AP-Meldung vom Vortag stützte. Ein Pariser Gericht habe 25 Angeklagte zu Strafen zwischen sechs Monaten und zehn Jahren verurteilt, die Anschläge auf verschiedene Ziele geplant hatten, darunter der Eiffelturm. Craig erwähnte in seinem Bericht auch, dass Menad Benchellali einen jüngeren Bruder namens Mourad hat, der von den Amerikanern in Guantanamo festgehalten und vor zwei Jahren freigelassen wurde.

Was Craig nicht einmal erwähnte, war der Umstand, dass eben jenem Mourad Benchellali einen Tag zuvor die Ehre zuteil wurde, über seinen Fall in der »New York Times« schreiben zu dürfen, ohne auch nur mit einem Wort auf seine familiären Bindungen und die terroristischen Aktivitäten hinzuweisen, in die seine Familie verstrickt war.

Nun kann man nicht mit hundertprozentiger Sicherheit ausschließen, dass Mourad Benchellali das schwarze Schaf

seiner Familie ist, dass er mit den Aktivitäten seines Vaters, seiner Mutter und seines Bruders nichts zu tun hat,
dass er nur einen Abenteuerurlaub in Afghanistan verbringen wollte, dass er zufällig und gegen seinen Willen in ein
Al-Qaida-Trainingscamp geraten ist und unschuldig von
den Amis zweieinhalb Jahre festgehalten wurde. Aber
auch dann wäre es nicht verkehrt gewesen, wenn die »New
York Times« ihre Leser über diese Zusammenhänge auf-
geklärt hätte, bevor sie jemand ein Op-Ed schreiben lässt,
den sie nicht einmal als Pförtner ins Haus lassen würde.

Gefragt, warum die »New York Times« einen Text von
Mourad Benchellali abgedruckt hat, ohne ihre Leser über
die Hintergründe zu informieren, antwortete der zuständige Redakteur David Shipley: »Mr. Benchellali's article
was about the treatment of detainees at Guantanamo. It
was not about the crimes of his family, which he is not im-
plicated in. Nor was it about his guilt, which he admits
and for which he will have to answer at trial. The article
made clear that Mr. Benchellali went to a Qaeda training
camp and that he was sent there by his brother. To give an
example: If a man accused of robbery wants to complain
that he hasn't received a speedy trial or that he was mis-
treated in prison, do we need to say that his sister and
mother were criminals, too?«

Man könnte sagen, so was kommt in den besten Redak-
tionen vor. Eine Panne bei der schon ein Weile von Pech
und Pleiten geplagten Qualitätszeitung vom Times
Square. Man könnte diese Geschichte sogar zugunsten
der »New York Times« interpretieren. Ein Verdächtiger
gilt so lange als unschuldig, bis seine Schuld bewiesen

wurde, in einem ordentlichen Verfahren vor einem ordentlichen Gericht. Al-Qaida-Trainingscamp hin, Familienbande her – der Junge könnte unschuldig sein. In Deutschland zum Beispiel reicht der Besuch eines Camps, in dem Terroristen ausgebildet werden, für eine Verurteilung nicht aus.

Warum aber geht einer in ein Al-Qaida-Camp? Weil er sich einen All-inclusive-Aufenthalt im Club Med nicht leisten kann? Weil bei der Heilsarmee die Suppe gerade ausgegangen ist? Weil er beim RTL-Dschungelcamp abgewiesen wurde?

Die Vorstellung, ein Unschuldiger könnte jahrelang festgehalten werden, ist ein Albtraum. Andererseits übersteigt die Idee, man könnte dem Terror nur mit rechtsstaatlichen Mitteln beikommen, die Grenze zum Irrealen. Es ist, als ob man die Feuerwehr auffordern würde, sich bei ihren Einsätzen an die Straßenverkehrsordnung zu halten und auf keinen Fall eine rote Ampel zu überfahren. Schon in Fällen wie dem von O. J. Simpson, der freigesprochen wurde, obwohl niemand daran zweifelte, dass er buchstäblich Blut an den Händen hatte, werden die Grenzen eines fairen Verfahrens klar. Gegenüber Terroristen »fair« zu sein, auf verdeckte Ermittlungen zu verzichten und im Verfahren alle Quellen offen zu legen, käme einem Verzicht auf eine Verfolgung gleich. Allgemein gilt: Je schlimmer das Verbrechen, das verhandelt werden soll, umso größer die Skrupel der Bedenkenträger. Heißen die Angeklagten Saddam Hussein oder Slobodan Milošević, dann muss man nur bis zehn zählen, bis die Rollen vertauscht werden und die Ankläger sich rechtfertigen müssen, während die Angeklagten gegen das Unrecht protestieren, das ihnen widerfährt. Schon deswegen wünsche ich mir, dass Osama Bin Laden lebend erwischt und vor ein Gericht gestellt wird – um amnesty international die Gelegenheit zu geben, ein faires Verfahren anzumahnen.

Dass Terroristen im Grunde ihrer Seelen fehlgeleitete Idealisten sind, die nur ein wenig über das Ziel hinausschießen, dass man sie verstehen und sich in ihre Situation versetzen muss, dieser Unsinn wurde inzwischen so oft und so laut in den Wald hineingerufen, dass er ganz von allein aus dem Gebüsch zurückschallt. »Ich wurde als Jugendlicher über Jahre sehr gedemütigt. Ich weiß, worüber ich rede«, schreibt ein Leser des Berliner »Tagesspiegel« zu einem Bericht über die Aktivitäten von Al Qaida, »wenn es diese Möglichkeit damals gegeben hätte, ich hätte Bomben geschmissen, auch bei der Möglichkeit, sich selbst dabei zu töten ... Will sagen: Solange die islamische, die arabische Welt so unendlich gedemütigt wird, wird es den so genannten Terrorismus geben ... Das soll keine Rechtfertigung sein, eher ein Versuch zu verstehen.« Dass die arabische Welt eine Einheit ist, die in toto gedemütigt wird, gilt inzwischen als so selbstverständlich, dass sich niemand die Mühe macht zu erklären, worin eigentlich die Demütigung liegt. Dieses allumfassende Verstehenwollen muss etwas mit dem Sex-Appeal zu tun haben, der von Gewalt und Gewalttäter ausgeht und dem sogar die Opfer und deren Angehörige erliegen.

Nachdem der 26-jährige Amerikaner Nicholas Berg im Frühjahr 2004 im Irak von der Terrorgruppe Sarkawis entführt und ermordet wurde, machte sein Vater, Michael Berg, George Bush und Donald Rumsfeld für den Tod seines Sohnes verantwortlich. »Nicholas starb für die Sünden von George Bush und Donald Rumsfeld«, sagte er dem Sender ABC, »die Al-Qaida-Leute sind wahrscheinlich so schlecht wie sie«, doch habe die US-Regierung seinen Sohn auf dem Gewissen. Zuvor hatte er schon gegenüber CNN gesagt: »Die (Leute von) Al Qaida wussten nicht, was sie taten. Sie töten ihren besten Freund ... Er war dort, um den Leuten zu helfen, nicht um irgendjemanden zu verletzen.«

Warum Nicholas Berg in den Irak gereist war, unter welchen Umständen er entführt und ermordet wurde, konnte nicht geklärt werden. Auch über die Zeit vor seinem Verschwinden gab es widersprüchliche Informationen. Fest stand nur, dass er enthauptet und die »Hinrichtung« auf Video aufgezeichnet wurde. Und es war wahrscheinlich Sarkawi persönlich, der das Urteil gefällt und vollstreckt hatte. Dennoch richtete sich der Zorn von Vater Berg nicht gegen Sarkawi, sondern gegen Bush und Rumsfeld.

Als zwei Jahre später, im Juni 2006, Sarkawi bei einem gezielten Angriff der Amerikaner getötet wurde, schwankten die Reaktionen zwischen Freude und Erleichterung.

»Der Mann war ein Tier und er hat das bekommen, was er verdient hat. Möge er in der Hölle schmoren«, sagte der Brite Paul Bigley, dessen Bruder Ken 2004 von Sarkawis Gruppe verschleppt und enthauptet wurde; »Sarkawis Tod ist nicht das Ende des Terrorismus in der Welt. Er ist aber ein wichtiger Schritt, die Welt von der Bedrohung durch den Terrorismus zu befreien«, erklärte Hamid Karzai, der Präsident Afghanistans. »Dies ist ein Mann mit jeder Menge Blut an den Händen. Ich übertreibe wohl nicht, wenn ich sage, dass er uns nicht fehlen wird«, stellte Nato-Generalsekretär Jaap de Hoop Scheffer fest.

Sogar der nette Kofi Annan war verhalten erfreut: »Es lässt aufatmen, dass ein so gefährlicher Mann nicht mehr unter uns ist. Diese Person ist für furchtbare Verbrechen verantwortlich gewesen.«

Nur einer freute sich nicht, Michael Berg, Vater von Nicholas Berg. »Ich denke, die Nachricht von dem Verlust eines jeden menschlichen Wesens ist eine Tragödie. Ich denke, Sarkawis Tod ist eine doppelte Tragödie. Sein Tod wird zu einer neuen Welle der Rache anspornen«, sagte er im CNN.

Das Wort von der »Tragödie« war noch nicht verhallt, da konnte man bei »Focus online« nachlesen, was am Tod des Terroristen tragisch war. Das Interview mit Michael Berg verdient es, in voller Länge für alle Zeit festgehalten zu werden:

FOCUS ONLINE: Was war ihr erster Gedanke, als Sie erfuhren, dass der Mörder Ihres Sohnes bei einem amerikanischen Bombenangriff getötet worden ist?

BERG: Ein Fernsehjournalist des Senders ABC weckte mich um 4.37 Uhr mit der Nachricht auf. Ich dachte: ›Ihr Schweine, jetzt habt ihr noch einen Menschen getötet.‹ Jeder wollte, dass ich mich über den Tod Sarkawis freue, doch ich war sehr traurig darüber, wie ich es über den Tod eines jeden Menschen bin. Seine Familie und seine

Freunde werden ebenso trauern, wie wir um Nick getrauert haben.

Focus Online: Wirklich? Keine Genugtuung darüber, dass der Mörder Ihres Sohnes tot ist?

Berg: Wirklich! Der Tod Sarkawis löst nur eine neue Welle der Gewalt aus. Es ist ein Teufelskreis, entstanden aus Rachegefühlen und genährt von Rachegefühlen.

Focus Online: Glauben Sie, dass Sarkawi zum Märtyrer wird und die Aufständischen im Irak neuen Zulauf erhalten?

Berg: Es ist doch schon jetzt so. Die Kämpfe nehmen an Heftigkeit zu und es gibt mehr und mehr Tote. Alle zwölf Minuten stirbt ein Mensch im Irak durch Gewalt. Das sind insgesamt 350 000 Menschen, wenn der Krieg noch fünf Jahre länger dauert. Das ist Wahnsinn! Jeder tote Iraker wird von Familienmitgliedern und Freunden gerächt werden, es wird immer so weitergehen. Im Übrigen weiß niemand wirklich, wer Nick getötet hat.

Focus Online: Sie glauben also, dass es nicht Sarkawi war, der Ihrem Sohn die Kehle durchgeschnitten hat?

Berg: Ich weiß es nicht. Ich bin so oft belogen worden. Von George Bush, vom Außenministerium, vom FBI, von Ministern der Bush-Regierung. Ich traue denen alles zu. Vielleicht war es Sarkawi, vielleicht ist Sarkawi schon lange tot und war irgendwo auf Eis gelegen, um jetzt der Öffentlichkeit präsentiert zu werden, zu einer Zeit, in der Bushs Popularität am Tiefpunkt ist. Vielleicht hat es Sarkawi nie gegeben.

Focus Online: Eine gewagte Theorie ...

Berg: Wieso? George Bush hat uns belogen, als es um

die Massenvernichtungswaffen ging. Er hat uns belogen, als es um Verbindungen des Irak zu den Terroranschlägen von 2001 ging. Er hat das amerikanische Volk immer wieder belogen. Soll ich ihm wirklich glauben? Sehen Sie sich die Fotos von dem Bombenabwurf auf Sarkawis Haus an. Das Haus ist vollständig zerstört. Es sind nur Trümmer übrig, so groß wie Basketbälle. Aber Sarkawis Körper und sein Kopf sahen sehr gut erhalten aus ... Egal, ich sage nur, dass ich dieser Regierung nichts mehr glaube.

Focus Online: Kommt es zum Bürgerkrieg, wenn die USA und ihre Verbündeten ihre Truppen aus dem Irak abziehen?

Berg: Das Land versinkt seit 2003 im Chaos. Seit Bushs Angriff auf die souveräne Nation Irak. Er hat damals das Land destabilisiert, es ist jetzt instabiler denn je. Wir haben die Kontrolle über Bagdad außerhalb der Green Zone verloren. Es wird alles immer schlimmer. Das Land ist doch schon lange im Buergerkrieg. Mein Sohn Nick war ein Anhänger von George Bush, er glaubte daran, dass unsere Soldaten Frieden herstellen können. Er wollte mithelfen, Sendemasten und -anlagen wiederaufzubauen, die Infrastruktur zu reparieren. Ich war da völlig anderer Meinung und ich denke, ich habe Recht behalten.

Focus Online: Garantiert die Truppenpräsenz nicht die – wenn auch langsame – Demokratisierung des Landes?

Berg: Für mich ist es keine Demokratie, wenn die Leute, die die Wahlen abhalten, dies mit Gewehren im Anschlag tun. Irak ist meilenweit von der Demokratie entfernt.

Focus Online: Haben Sie noch Hoffnung für das Land?

Berg: Ja. Wir müssen sofort alle unsere Soldaten aus

dem Irak abziehen. Jetzt sofort. Dann hört dieses Morden auf. Alle ausländischen Soldaten sollten aus dem gesamten Nahen Osten verschwinden. Vielleicht dauert es eine oder zwei Generationen, 60 oder 80 Jahre, aber ich bin der festen Überzeugung, dass dann der Hass ausgestorben ist.

FOCUS ONLINE: Es ist wohl müßig zu fragen, was Sie von Präsident Bushs Irakpolitik halten...

BERG: Bush ist der wahre Täter. Er ist verantwortlich für 150 000 Tote im Irak, auch für Nick. Sarkawi hat einige hundert Menschen umgebracht. Bush wird von Hass getrieben und von geschäftlichen Interessen. Er will sich für die Erniedrigung seines Vaters durch Saddam Hussein rächen. Seine Politik muss man in diesem Licht betrachten. Ich denke, es wäre am besten, wenn er seines Amtes enthoben würde. Es gibt doch diese Austauschprogramme für Highschool-Schüler, bei denen sie für einige Zeit in anderen Kulturen leben. So etwas sollte Bush tun. Er sollte einige Zeit im Sudan leben, in einer Hütte mit fünf Möbelstücken. Er sollte eine Meile zum nächsten Trinkwasser laufen müssen und auf dem Boden schlafen. So könnte er geheilt werden. Es ist noch nicht zu spät für ihn.

FOCUS ONLINE: Warum kandidieren Sie bei der bevorstehenden Kongresswahl in ihrem Wahlbezirk im US-Bundesstaat Delaware für die amerikanischen Grünen?

BERG: Als Nick getötet wurde, wurde mir klar, dass ich nichts mehr zu verlieren habe. Ich bin Pazifist, sonst wäre ich vielleicht losgezogen, wäre Amok gelaufen, hätte einige Menschen getötet. Doch so investiere ich meine ganze Energie in den Kampf für den Frieden. Die anderen Parteien wollen den langsamen Abzug der Soldaten, ich will den sofortigen Abzug. Das ist alles, was ich will. Ich will nicht, dass noch mehr Menschen sterben. Alle zwölf Minuten stirbt ein Mensch im Irak durch Gewalt. Wir sprechen jetzt etwa 25 Minuten. Das sind zwei Menschen. Zwei Menschenleben sind wertvoll.

Bei allem Verständnis für die Gefühle eines Vaters, dessen Sohn ermordet wurde: Es ist bedauerlich, dass Sarkawi dieses Interview nicht mehr erlebt hat. Es wäre ihm eine Genugtuung gewesen zu sehen, dass Berg das Ur-Bedürfnis nach Rache in einen positiven Impuls umgewandelt hat und seine »ganze Energie in den Kampf für den Frieden« investiert. Es ist seine Art, mit dem Unfassbaren, Unerreichbaren, Unbesiegbaren fertig zu werden. Im Kino würde der »Terminator« jetzt loslaufen, um es den Schurken heimzuzahlen, im wahren Leben muss die Aggression umgeleitet werden.

Das Phänomen hört auf den Namen »Stockholm-Syndrom«. Wikipedia definiert es so: »Unter dem Stockholm-Syndrom versteht die Wissenschaft ein psychologisches Phänomen, bei dem Opfer von Geiselnahmen ein positives emotionales Verhältnis zu ihren Entführern aufbauen. Dies kann dazu führen, dass Opfer mit den Tätern Mitleid fühlen. Es kann sogar darin münden, dass Täter und Opfer sich ineinander verlieben oder kooperieren.«

Der Begriff geht auf einen Banküberfall in Stockholm im Jahre 1973 zurück, bei dem die Bankangestellten, die als Geiseln genommen worden waren, eine größere Angst vor der Polizei als vor den Geiselnehmern hatten, sich nach ihrer Freilassung bei den Gangstern bedankten und diese später im Gefängnis besuchten.

In Abstufungen kann man es bei fast allen Opfern von Entführungen beobachten. Zuerst flehen sie in Video-Botschaften um ihr Leben, kaum sind sie befreit, haben sie über die Entführer nur Gutes zu berichten und/oder greifen diejenigen an, denen sie ihre Befreiung zu verdanken haben. So war es bei der italienischen Journalistin Giuliana Sgrena, die ihren Entführern ein Führungszeugnis ausstellte, mit dem nicht einmal sie gerechnet hatten; so war es bei Susanne Osthoff, die über die Bundesregierung herfiel, obwohl oder weil diese tief in die Portokasse gegriffen hatte, um die »Archäologin« aus der Gewalt ihrer Entführer zu befreien. Zudem kündigte Frau Osthoff an, sie werde in den Irak zurückkehren.

Sogar die beiden netten Ingenieure aus Leipzig, die 99 Tage um ihr Leben bangen mussten, zeigten sich nach ihrer Befreiung erstaunlich frei von bösen Gefühlen. René Bräunlich und Thomas Nitzschke waren »sehr froh, noch am Leben zu sein«, dankten allen, die zu ihrer Befreiung beigetragen hatten, auch »dem früheren Bundeskanzler Gerhard Schröder, dass er Deutschland fern gehalten hat vom Irak-Krieg«, denn die Entführer haben »immer gesagt, dass alles gut ist und dass Deutschland gut ist«. Auf die Frage, ob die Entführer ihnen gedroht hätten, sagten sie: »So richtig gedroht haben die nicht. Es war nur so unmissverständlich, dass sie uns mitgenommen haben.«

Auch sonst zeigten sich die Entführer von ihrer guten Seite: »Die haben alle mit großem Engagement fünf Mal am Tag gebetet, ihre religiösen Pflichten erfüllt. Und sie haben uns, so weit es ging, über das Gute im Islam erzählt, sie haben oft im Koran gelesen. Aber fanatisch waren die nicht. Die haben signalisiert: Wir akzeptieren auch andere.« Wobei der Lage entsprechend offen bleiben musste, ob als Gäste oder als Geiseln.

»Sie haben schon versucht, uns von ihrer Religion zu überzeugen. Sie haben uns Informationsmaterial in englischer Sprache gegeben. Wir mussten ständig sagen, dass ihre Religion gut ist...« Mit etwas gutem Willen könnte man die Entführung auch als eine Einladung zu einem Kurs »Der Islam in Theorie und Praxis« verstehen, mit einer extrem intensiven individuellen Betreuung der Teilnehmer. Auf die Frage, ob sie misshandelt wurden, antworteten die Leipziger Ingenieure: »Nein. Nie, wir wurden nur festgehalten.«

Und auf die Frage, was das für Typen waren, von denen sie festgehalten wurden, gaben die Befreiten diese Einschätzung: »Im Nachhinein würde ich sagen, das waren schon welche, die sich für ihr Land eingesetzt haben«, sagte Bräunlich, worauf Nitzschke ergänzte: »Dieses Gefühl hatte ich eigentlich auch. Das waren Leute, die für ihr Land kämpfen wollten. Ob das mehr in die kriminelle oder religiöse Richtung ging, will ich jetzt nicht beurteilen. Wir hatten das Gefühl, das waren sehr einfache Menschen.«

Die Bundesregierung konnte sich damit trösten, dass sie nicht Lösegeld bezahlt, sondern einfachen Menschen unter die Arme gegriffen, also eigentlich Entwicklungshilfe geleistet hatte.

Nun werden nicht nur Individuen als Geiseln genommen, um Geld und geldwerte Leistungen von den jeweiligen Regierungen zu erpressen, so etwas machen nur »einfache Menschen«, die ihre Kriegskasse auffüllen wollen. Seit dem ersten Ölboykott arabischer Staaten gegen die USA und dem ersten autofreien Sonntag in Deutschland am 25. November 1973 funktioniert die »Ölwaffe« wie die Atombombe: Es reicht, mit ihr zu drohen. Der Iran hat gegenüber Europa diese Waffe zur Perfektion entwickelt. Den meisten Menschen, die heute einen Flug buchen, ist es nicht mal klar, dass sie als Geiseln genommen werden. Sie zahlen eine Sicherheitsgebühr, müssen ihre Taschen leeren und Schuhe ausziehen, sich abtasten lassen und dumme Fragen beantworten – alles, weil man immer und überall mit einem Anschlag rechnen muss. Auch hier reicht die unausgesprochene aber allgegenwärtige Drohung aus, um jeden Tag Millionen von Menschen den Willen der Terroristen aufzuzwingen.

So überlegen einige, ob sich die Anstrengungen überhaupt lohnen. Ein Ostberliner Autor, der zu den klügeren seiner Zunft zählt, fragt: »Ist es zynisch zu fragen, was bisher mehr Menschenleben gekostet hat – der islamistisch genannte Terror oder der Kampf gegen ihn?« Und antwortet: »Seit der amerikanische Präsident dem Terror den Krieg erklärt, sind sowohl diesem als auch dem Kampf gegen ihn unvergleichlich mehr Menschen zum Opfer gefallen als jemals zuvor.«

Solche Fragen sind nicht zynisch, sie sind dumm. Denn in dieser Rechnung sind die irakischen Opfer des Saddam-Regimes nicht enthalten, hunderttausende von Menschen, die verfolgt, gefoltert und getötet wurden. Für den smarten Kopfrechner aus Ostberlin setzen Terror und

Gegenterror erst mit der alliierten Intervention im Irak ein. Und damit der Terror aufhört, sagt der britische Unterhausabgeordnete George Galloway, »muss man den Sumpf der Ungerechtigkeiten trockenlegen«, was konkret heißt: »Rückzug aus Irak und Afghanistan, Schluss mit der Rückendeckung für General Ariel Scharon, Unterstützung der Palästinenser im Kampf um Gerechtigkeit, Schluss mit der Hilfe des Westens für korrupte Könige und Marionettenpräsidenten im Mittleren Osten.« Wenn alle diese Vorbedingungen erfüllt sind, »wenn die Verbitterung über Britannien in der islamischen Welt beseitigt wird, wird Osama Bin Laden zum gestrandeten Wal«.

Nimmt man den Abgeordneten, der als unabhängiger Kandidat ins Parlament gewählt wurde und die Labour das Fürchten lehrt, wörtlich, dann ist die Ursache des Terrorismus die »Verbitterung«, und solange die Gründe für die Verbitterung nicht aus dem Weg geräumt werden, wird der Terror nicht aufhören.

Eine solche Erklärung, die man inzwischen überall in Europa, auf jeder Demo, auf jeder NGO-Konferenz, auf jedem Kirchentag, in jeder Talkshow hören kann, ist zum einen vollkommen verbohrt, zum anderen extrem praktisch. Einerseits wird dem Terrorismus pauschal Legitimation verliehen, als Reflex auf Ungerechtigkeiten, wobei man sich nicht mehr fragen muss, welche Ungerechtigkeit eigentlich die Terroristen immer wieder dazu bringt, Ferienorte am Roten Meer zu überfallen. Hat man ihnen den Zugang zum Frühstücksbuffet verboten? Durften sie am Strand nicht mit ihren Waffen spielen? Ist der Anblick der Mädchen im Bikini so unerträglich?

Andererseits wird der Kampf gegen den Terror damit zur »mission impossible« erklärt. Denn die Liste der globalen Ungerechtigkeiten, die zur Verbitterung führen, ist lang, hat man eine ausgeräumt, tauchen immer zwei neue auf, und so wird es den Terroristen nie langweilig. Terrorverstehern wie Galloway, Steinbach, Scholl-Latour, Lüders etc. auch nicht, denn so können sie immer wieder die Forderung wiederholen, man müsse die Ursachen bekämpfen, statt an den Symptomen herumzudoktern. Wie das aber so ist mit den Ursachen – die Basis ist die Grundlage des Fundaments –, man kommt schlecht an sie ran und deswegen dreht sich der Hund weiter fröhlich im Kreise und schnappt nach seinem Schwanz.

Der linke Bürgermeister von London, Ken Livingstone, wie Galloway »a pain in the ass« der Labour, macht eine andere Grundsatz-Kiste auf: »Der Kapitalismus tötet täglich mehr Menschen, als Hitler getötet hat.« Soweit bekannt, hat Hitler eigenhändig niemand getötet, aber auf die Faktizität dieser Gleichung kommt es nicht an. Sie klingt bombastisch – unseren täglichen Völkermord gib uns heute –, ist aber eine hohle Blase. Nimmt man sie wörtlich, müsste man den Kapitalismus heute so angehen wie seinerzeit Hitler. Nimmt man sie symbolisch, dann war Hitler gar nicht so übel. Und überhaupt: Die Leute, die Hitler umgebracht hat, wären heute sowieso tot.

Man kann auf vielen Wegen vor der Einsicht davonlaufen, dass der Terrorismus eine Gefahr ist, der man sich stellen muss. Man kann sich in die Befindlichkeit der Terroristen hineinversetzen und die Verbitterung nachvollziehen, von der sie angetrieben werden. Man kann zum

Kampf gegen die Ursachen aufrufen und sich mit dieser großen Geste zufrieden zurücklehnen. Man kann auf das viel größere Übel verweisen, den Kapitalismus, der niedergerungen werden muss. Man kann Kosten-Nutzen-Berechnungen anstellen, die damit enden, dass der Kampf gegen den Terror mehr Opfer kostet als der Terror selbst.

Egal, welchen Notausgang man nimmt, man gewinnt Zeit. Nicht gegenüber den Terroristen, die irgendwo sitzen und den nächsten Anschlag planen, nein, gegenüber sich selbst. Eine nüchterne Analyse der Lage würde zwei Optionen ergeben, tertium non datur: Man kapituliert sofort, tritt zum Islam über und einer besonders militanten Gemeinde bei, oder man überlegt ernsthaft, was man tun könnte, um den Terrorismus zu stoppen, wofür man leider einige Grundsätze des befriedeten Zusammenlebens opfern müsste. Diese Alternative ist so grauenhaft wie die Wahl zwischen Galgen oder Guillotine. Um ihr zu entgehen, ist jede Illusion recht.

Es ist kein Geheimnis, dass Osama Bin Laden und seine Anhänger die Europäer für einen Haufen korrupter Angsthasen halten. »Ihr liebt das Leben, wir lieben den Tod«, rufen sie uns zu und freuen sich über jedes »No Blood for Oil«-Plakat, das auf einer Anti-Kriegsdemo getragen wird. Wohin die Gotteskrieger auch schauen, sie sehen überall die Bereitschaft zu vorzeitiger Kapitulation. In der Politik wird noch beraten, wie man sich ohne allzu viel Gesichtsverlust informell ergeben könnte, in der Kultur wurden die Kapitulationserklärungen schon unterschrieben.

In fast allen Interviews, die der britische Spion und Schriftsteller John le Carré gibt, betont er, »dass wir ernten, was wir gesät haben« und dass es Extremismus und Fundamentalismus überall gebe. »Die gibt es genauso bei den religiösen Rechten wie im Zionismus. Mr. Bush ist ebenfalls ein Extremist. Er behauptet doch immer wieder, der American Way of Life sei der einzig gültige Weg. Für mich ist das ein fundamentalistisches Statement. Und der Gedanke, dieser Way of Life solle auch noch in den Rest der Welt exportiert werden, hat etwas regelrecht Obszönes an sich.«

Die Vorstellung, John le Carré würde auf den Gebrauch eines Deos verzichten, die Klimaanlage abstellen und seinen Whiskey ohne Eis trinken, um dem American Way of Life aus dem Weg zu gehen, hat viel Tragisches an sich. Noch tragischer ist nur die Vorstellung, Peter Zadek hätte sich um die Aufnahme in die Hitlerjugend beworben, nachdem die Nazis England im Krieg bezwungen haben.

Im Sommer 2003 gab Peter Zadek dem »Spiegel« ein Interview. Der Regisseur, 1926 in Berlin als Sohn eines jüdischen Kaufmanns geboren, emigrierte mit seiner Familie 1933 nach London und kam 1958 nach Deutschland zurück, wo er sich mit spektakulären Regiearbeiten einen Namen machte. Heute lebt Zadek in Italien und inszeniert ab und zu auf deutschen Bühnen.

Das »Spiegel«-Gespräch gehört zu den Dokumenten, die man atombombensicher aufheben sollte, damit künftige Generationen sich eine Vorstellung davon machen können, was zu Beginn des 21. Jahrhunderts von einem Intellektuellen gesagt werden konnte, ohne dass es Frösche vom Himmel regnete. Ziemlich zu Anfang der Unterhaltung erklärt Zadek, er stimme mit seinem Freund Harold Pinter überein, der gesagt habe, »die

Amerikaner seien heute mit den Nazis zu vergleichen«. Der Unterschied bestehe darin, »dass die Nazis vorhatten, Europa zu besiegen, die Amerikaner aber wollen die ganze Welt besiegen«.

Das war zweifellos ein starker Einstieg, aber es wurde noch besser. Es kommt zu folgendem Wortwechsel zwischen den »Spiegel«-Leuten und Zadek:

DER SPIEGEL: Die Gleichsetzung von Amerikanern und Nazis finden wir aberwitzig. Gestehen Sie den US-Politikern nicht mal zu, dass sie sich, bei aller Machtgier, den Idealen der Freiheit und des Individualismus verpflichtet fühlen?

ZADEK: Die Nationalsozialisten hatten auch ihren Idealismus und glaubten, immer das Richtige zu machen.

DER SPIEGEL: Weinen Sie den Terrorherrschern in Afghanistan und im Irak wirklich Tränen nach?

ZADEK: Krieg erzeugt – wie jede Aggression – irgendwann einen Gegenschlag. Manchmal lässt er auf sich warten, deshalb haben Sie auf die Kürze vielleicht Recht. Wie schön: Saddam Hussein ist weg! Aber der ist natürlich nicht weg, und die Leute, die an ihn glauben, sind auch nicht weg. Es gibt in der ganzen Welt eine große Gegenbewegung zu Amerika, und sie wird zunehmen. Leider gehören wir als Macht des Westens zu den Kräften, die den Zorn gegen Amerika ebenfalls auf sich ziehen. Wir werden immer verhasster.

DER SPIEGEL: Sie halten allen Ernstes George W. Bush für einen gefährlicheren Mann, als Saddam es war?

ZADEK: Ja.

Dann sagt Zadek, er habe nicht geglaubt, dass es im Irak Massenvernichtungswaffen gegeben habe, aber wenn er Saddam gewesen wäre, dann hätte er »diese Waffen garantiert benutzt«. Von da ist es nicht mehr weit zum »geistigen Widerstand ... gegen diese Scheiße, die auch eine Kulturscheiße ist«.

DER SPIEGEL: Heißt das, Sie lehnen die amerikanische Kultur grundsätzlich ab?

ZADEK: Nein, in den Fünfzigern waren amerikanische Schriftsteller und Regisseure meine Helden. Tennessee Williams zum Beispiel oder Elia Kazan. Aber dann siegte das Musical über das Theater, und aus Hollywood kam nur noch schreckliches Zeug.

DER SPIEGEL: Haben Sie in den USA selbst auch nur negative Erfahrungen gemacht?

ZADEK: Ich war nie dort: Mir ist Amerika zutiefst zuwider, auch wenn ich natürlich ein paar amerikanische Freunde habe. Ich kritisiere nichts, was ich nicht mit eigenen Augen gesehen habe. Ich kritisiere das, was die Amerikaner mit der Welt tun.

Zadek steigerte sich von Frage zu Frage, von Antwort zu Antwort: Bush sollte »froh sein, das er Schröder die Hand schütteln darf«, war noch das Freundlichste, was er über den US-Präsidenten zu sagen hatte. Worauf die »Spiegel«-Leute die Gretchen-Frage stellten:

DER SPIEGEL: Man tut Ihnen also kein Unrecht, wenn man sie einen Anti-Amerikaner nennt?

ZADEK: Nein, ich finde es feige, dass viele Leute heute einen Unterschied machen zwischen dem amerikanischen Volk und der amerikanischen Regierung. Die Regierung Bush ist mehr oder weniger demokratisch gewählt worden, und sie hatte bei ihrem Feldzug im Irak die Mehrheit der Amerikaner hinter sich. Man darf also durchaus gegen die Amerikaner sein. In diesem Sinne bin ich Anti-Amerikaner.

DER SPIEGEL: Halten Sie auch die kriegerische Beteiligung der Amerikaner im Zweiten Weltkrieg gegen Hitler für falsch?

ZADEK: Auch dieser Krieg hätte nicht stattfinden dürfen. Krieg produziert im Endeffekt nur Katastrophen. Diese Haltung habe ich vertreten, seit ich 18 Jahre alt bin. Das war am Ende des Zweiten Weltkriegs, und ich habe damit nur Feinde gehabt, auch unter meinen jüdischen Freunden, als ich sagte: »Diesen Krieg so wenig wie jeden anderen.« Nach den 60 Millionen Toten fühlte ich mich gewissermaßen gerechtfertigt.

DER SPIEGEL: Hätten Sie Hitler, seine Mordbanden und KZ-Schergen durch Lichterketten beseitigen wollen?

ZADEK: Es ist immer dieselbe Frage: Durch was entsteht Krieg? Krieg entsteht dadurch, dass Leute nicht mehr im Stande sind, miteinander zu reden. Alle Leute haben Interessen. Und mit diesen Interessen kann man umgehen, solange man die Nerven und die Geduld behält.

Hat man Derartiges schon mal gelesen? Es gehört schon eine besondere Chuzpe dazu, als Jude, der das Glück hatte, den Krieg in England zu überleben, während auf dem

Kontinent die Juden gejagt wurden, die Ansicht zu vertreten, die Alliierten hätten Hitler und den Nazis nicht in den Arm fallen dürfen beziehungsweise mit ihnen reden sollen, um zu einem Interessenausgleich zu kommen. Wer so etwas sagt, der würde auch Saddam Tee und Butterkekse ans Bett bringen, um den Despoten bei Laune zu halten. Zadek ist nur ein besonders extremes aber kein ausgefallenes Beispiel für den militanten deutschen Pazifismus, der sich von der Geschichte bestätigt wähnt: Es darf keinen Krieg geben! Aber Despoten, Diktatoren und Tyrannen darf es geben, solange sie einen nicht bei der Theater- und Trauerarbeit stören. Es darf gefoltert und gemordet werden, denn dann kann man sich als Gutmensch bei einer ai-Spenden-Gala in Szene setzen und ein Ende der Folter und des Mordens verlangen, aber es darf nichts gegen Folterknechte und Mörder unternommen werden, das würde nur den Frieden gefährden.

Zadek ist das Kaninchen, das sich tot stellt, um von der Schlange nicht bemerkt zu werden. Aber irgendwann muss das Kaninchen mit der Wimper zucken, und dann schlägt die Schlange zu. Das Kaninchen spielt auf Zeit, so wie die Friedensfreunde auf Zeit spielen, indem sie nach Gründen für die »Verbitterung« der Terroristen suchen.

Dabei spielt es keine Rolle, ob sich einer als 18-jähriger vor deutschen Raketen ducken musste oder als 16-jähriger Soldat wurde und noch bis zum bitteren Ende an den Endsieg glaubte, wie Günter Grass immer wieder bekennt. Grass hat auf dem PEN-Kongress in Berlin im Mai 2006 (»Schreiben in friedloser Welt«) eine flammende Rede gehalten, die zu einem guten Teil aus einer Verbeugung vor Harold Pinter bestand, der seinerseits in einer Nobelpreisrede vom Dezember 2005 sämtliche Verfehlungen, Verbrechen und Menschenrechtsverletzungen der Amerikaner aufgelistet hatte, von Griechenland bis Chile, von Indonesien bis Haiti. Pinter rechnete mit den USA ab und Grass lobte ihn dafür: »Harold Pinter hat das Unrecht benannt. Beispielhaft hat er bewiesen, was ›Schreiben in friedloser Zeit‹ bewirken kann.« Und die in Berlin versammelten »Silbenstecher, Lautverschieber, Wörtermacher und Nachredner unterdrückter Schreie«, wie Grass seine Kollegen bezeichnet hatte, dankten es ihm mit minutenlangen Ovationen.

Grass war derart damit beschäftigt, Pinter zu preisen und die USA zu verdammen, dass er keinen Satz, kein einziges Wort über den iranischen Präsidenten Ahmadinedschad verlor, dessen Drohung, Israel von der Landkarte zu tilgen, ihm unmöglich entgangen sein konnte. Angesichts der von den USA in der Vergangenheit begangenen Sünden war das eine Petitesse, die er souverän beschwieg. Wieder einmal zeigte es sich, wozu ein Ausritt in die Geschichte gut ist: um retroaktives Engagement simulieren zu können und sich der Gegenwart nicht stellen zu müssen. Das schöne Gefühl, etwas unternommen zu haben, gibt es gratis dazu.

Im Dienste der guten Sache darf man auch die eigenen Halluzinationen argumentativ einsetzen. Am 16. Juni erschien in der »Welt kompakt« eine halbseitige Anzeige, unterzeichnet von Reinhard Mey und zwei Dutzend seiner Freunde, die die laufende Fußball-WM zum Anlass nahmen, auf ein sinistres Szenario aufmerksam zu machen.

»Was wäre zum Beispiel, wenn ein echtes oder geheimdienstlich manipuliertes Attentat eine Panik im Lande auslösen würde? Doch was wäre, wenn dies gewollt wäre, um Deutschland im nächsten geplanten US-Krieg mit auf das große Kriegsschiff zu zwingen? Würden wir auf eine Inszenierung hereinfallen wie zu Beginn des Irak-Krieges?«

Mey stellt Fragen über Fragen. Und die Antwort kennt ganz allein der Wind. Ja, so sind die Deutschen schon einmal auf das große Kriegsschiff gezwungen worden, 1939 beim Überfall auf den Sender Gleiwitz. Wäre Leichtmatrose Mey damals schon an Bord gewesen, wäre der Zweite Weltkrieg sicher verhindert worden. Oder auch nicht. Denn auch kurz vor dem Ausbruch des letzten Golfkrieges veröffentlichte Mey eine Anzeige gegen den Krieg, die ungehört verhallte.

Diesmal will es der engagierte Liedermacher besser machen. Er begnügt sich nicht mit wilden Spekulationen wie aus einem Roman von John le Carré, er weist auf einen echten Fall aus der jüngsten Geschichte hin. »Fast die Hälfte der US-amerikanischen Bürger verlangt inzwischen eine neue Untersuchung zum 11. September 2001, weil die bisher gegebenen Erklärungen nicht stimmen. Der damit begründete Krieg in Afghanistan nimmt kein Ende und ist nun schon im sechsten Jahr.«

Wie ein Krieg im sechsten Jahr sein kann, der mit einem Ereignis begründet wurde, das noch keine fünf Jahre her ist, bleibt des Liedermachers Geheimnis. Doch solche Differenzen im einstelligen Bereich kann man vernachlässigen, wenn es darum geht, noch größeres Unheil zu stoppen: »Nun steht bereits der nächste Krieg ins Haus. Er soll – wie in Wirtschaftskreisen zu hören ist – ein voller Atomkrieg werden: damit er nicht so teuer wird wie im Irak.«

Meys mutiger Appell gegen den drohenden preiswerten Atomkrieg endet mit einem Wort des griechisch-katholischen Alt-Patriarchen von Jerusalem »im Exil«, Bischof Hilarion Capucci: »Wir sollten uns die Friedenshand zwischen Christen und Moslems reichen – bevor es zu spät ist.«

Was Hilarion Capucci unter Handreichung versteht und warum er im Exil lebt, hätten Reinhard Mey & Friends ganz leicht herausfinden können, wenn sie seinen Namen gegoogelt hätten. Capucci wurde 1977 bei dem Versuch, in seinem Dienstwagen Waffen für die PLO zu schmuggeln, von den Israelis erwischt, festgenommen und nach einer Fürbitte des Vatikans ausgewiesen. Seitdem lebt er in Rom, ein Mann des Friedens und des christlich-moslemischen Dialogs.

»Wir haben kapituliert!«

Mogens Glistrup, 1926 in Rönne auf Bornholm geboren, war gelernter Rechtsanwalt, Dozent für Steuerrecht an der Universität Kopenhagen und Politiker. 1972 gründete er in einem Restaurant im Vergnügungspark Tivoli die »Fortschrittspartei« und schaffte mit einem einzigen Interview von knapp zwei Minuten Dauer im dänischen Fernsehen den Sprung in die Schlagzeilen. Das dänische Steuersystem sei, so Glistrup, ein Instrument der staatlichen Willkür, bei der Einkommenssteuererklärung werde nur »die Unfähigkeit zu betrügen besteuert«; Glistrup verglich die Steuerhinterzieher mit den dänischen Widerstandskämpfern während der NS-Besatzung, die Eisenbahnen sabotiert hatten, und er präsentierte vor laufender Kamera seine eigene Steuererklärung – bei einem Jahreseinkommen von rund 9,1 Millionen Kronen bezahlte er keine Krone Einkommenssteuer. »Macht es mir nach!«, forderte er die Zuschauer auf und erklärte, wie man es anstellen muss, um viel Geld zu verdienen und trotzdem keine Steuern zu zahlen.

Bei den Parlamentswahlen vom Dezember 1973 bekam Glistrups »Fortschrittspartei« 15,9 Prozent der Stimmen beziehungsweise 28 Mandate und wurde damit zur zweitstärksten Fraktion – gleich nach den regierenden Sozialdemokraten.

Das Programm, mit dem die »Fortschrittlichen« angetreten waren, war sehr einfach und überschaubar. Sie wollten die völlige Abschaffung der Einkommenssteuer und die Streichung aller »unnötigen Staatsausgaben«, so zum Beispiel für die Kunstförderung und das Militär, das im Ernstfall, so Glistrup, sowieso nichts ausrichten könnte. Man sollte es durch einen Anrufbeantworter ersetzen – mit der auf Russisch gesprochenen Erklärung: »Wir haben kapituliert«. So eine Maßnahme würde Geld und Menschenleben sparen.

Über 30 Jahre später klagen die Dänen noch immer über hohe Steuern, aber was die Kapitulation angeht, sind sie inzwischen einen großen Schritt vorangekommen – behaupten Lars Hedegaard und Helle Merete Brix in einem langen Artikel über die Folgen der »Mohammed-Affäre«. Sie beschreiben die Reaktionen der »dänischen Elite«, die sich untereinander im Wesentlichen darauf verständigt hat, das Recht auf freie Meinungsäußerung nicht dazu zu missbrauchen, Moslems zu kränken und zu beleidigen – »nachdem sie Jahrzehnte damit beschäftigt waren, jeden zu loben und zu preisen, der es darauf abgesehen hatte, die Angehörigen der christlichen Religion zu beleidigen«.

Hedegaard, von Beruf Historiker, und Brix, eine Journalistin, sind keine linken Gutmenschen, keine Terrorversteher, aber auch keine Wegbereiter der Apokalypse. Sie beschreiben das, was um sie herum passiert, und bewerten es. Und wenn die Analyse stimmt, könnte das kleine Dänemark das erste europäische Land sein, das dazu genötigt wird, die Gesetze, Regeln und Doktrinen der Umma, der islamischen Nation, anzunehmen. Was nach einem Horror-Szenario klingt, ist, sagen Hedegaard und Brix, bereits im Gange. Und belegen es mit vielen Beispielen.

Uffe Ellemann-Jensen, der frühere Außenminister und frühere Vorsitzende der Liberalen Partei des jetzigen Ministerpräsidenten Anders Fogh Rasmussen, erklärte in einem Interview mit der Zeitung »Jyllands-Posten«, die dänischen Imame, die mit den Mohammed-Karikaturen in moslemische Länder gereist sind, hätten die Unruhen nicht angefacht, sondern im Gegenteil alles unternommen, um die Moslems zu beruhigen. Im selben Sinne äußerte sich auch der führende dänische Imam, Ahmed Abu Laban, und ergänzte: »Ich hätte einen Aufruhr in Dänemark auslösen können, ich hätte Dänemark in eine Hölle verwandeln können, ich hätte die Moslems auf die Straße schicken können.«

Dass er es nicht tat, wurde ihm von den Dänen hoch angerechnet. Außer von den zwölf Cartoonisten, die – als erste Dänen seit 1945 – aus Angst um ihr Leben in den Untergrund gehen mussten. Der Chief Criminal Inspector des dänischen Geheimdienstes lobte die Imame, »weil sie Ruhe und Ordnung gepredigt« haben, und bedauerte zugleich, dass es in der dänischen Gesellschaft »eine Tendenz zur Dämonisierung« gebe. Die tiefe Verbeugung des Geheimdienst-Inspektors vor den Imamen kam zu einem etwas unglücklichen Zeitpunkt. Einer von ihnen, Ahmed Akkari, wurde von einem TV-Team dabei erwischt, als er eine Drohung gegen einen liberalen Moslem und Abgeordneten aussprach, falls dieser das Amt des Integrationsministers bekommen sollte: »Zwei Männer werden kommen und ihn und sein Ministerium in die Luft jagen.« Ein anderer Imam, Kasem Ahmad, bestätigte die friedlichen Absichten: »Die Atmosphäre gegenüber Moslems in Dänemark ist vergiftet. Es dürfte nicht schwierig sein, Moslems zu finden, die sich freiwillig bei Terrorakten opfern werden. Ich bin sicher, viele werden sich für solche Aufgaben melden.«

Ahmed Abu Ladan, der führende Imam, fand die Atmosphäre in Dänemark so unerträglich, dass er ankündigte, nach Gaza auswandern zu wollen. Ein paar Tage später überlegte er es sich anders und blieb.

»Es versteht sich von allein«, schreiben Hedegaard und Brix, »dass keine dänische Behörde es gewagt hat, einen der Imame wegen seiner offenen oder verhüllten Drohungen zu belästigen.« Die Haltung des dänischen Geheimdienstes, der mit den Imamen kooperiert, statt sie zu verfolgen, erklären sie damit, dass die Geheimdienstler entweder sehr naiv sind oder genau wissen, was passiert, und die Situation nicht eskalieren lassen wollen. Neu an der Situation sei, dass zum ersten Mal in der Geschichte Moslems die Bestrafung von Nicht-Moslems verlangten, die außerhalb der moslemischen Jurisdiktion leben. Dafür gebe es nur eine Erklärung: »Sie betrachten Europa inzwischen als Teil des islamischen Reiches, der Dar al-Islam. Und die Dänen haben sich in Dhimmis verwandelt – Nicht-Muslime, die sich dem islamischen Recht beugen müssen.«

Das klingt wie an allen Barthaaren des Propheten herbeigezogen, aber Hedegaard und Brix sind nicht die einzigen, die Europa auf dem Weg nach Eurabia sehen. Säkulare Moslems wie Ayaan Hirsi Ali, Irschad Manji, Salman Rushdie und Ibn Warraq halten den Islamismus für den Totalitarismus des 21. Jahrhunderts, vergleichbar dem Stalinismus und Nationalsozialismus. Bernard Lewis, der Doyen der Islamwissenschaftler, wagt die These, dass Europa bald islamisch sein werde, »in weniger als hundert Jahren, sie haben es bereits zweimal versucht, mit militärischen Methoden, jetzt kommt der dritte Versuch«. Nach den Niederlagen von Poitiers (732) und Wien (1683) sollen die Europäer nun mit den Waffen der Demografie besiegt werden.

Lewis ist kein Panikmacher, er schätzt den Islam und weist immer wieder darauf hin, dass »brutale, rücksichtslose Diktatoren« wie Saddam Hussein »keine Wurzeln in der islamischen oder arabischen Vergangenheit haben«, dass sie »ein Import aus Europa« sind, dass »der vormoderne Islam keine Diktatur« war und dass der Koran die Verantwortung des Herrschers betont, »andere um Rat zu fragen«.

Allerdings: Seit 1683 »geht es nur noch bergab: politisch, militärisch, wirtschaftlich, kulturell«. Die Moslems sind »nicht nur hinter Europa beziehungsweise die USA zurückgefallen, sondern hinter fast den ganzen Rest der Welt«. Es gebe in der arabischen Welt mehr als 250 Universitäten – »und fast jede bildet Ingenieure aus, das sind Zehntausende jedes Jahr. Aber immer wenn arabische Regierungen etwas technisch besonders Kompliziertes planen, müssen sie jemand aus dem Ausland einfliegen ... Es war schlimm genug, dass sie Spezialisten aus Europa oder den USA holen mussten, nun kommen die Experten aus Korea, einem Land, das vor 50 Jahren weit hinter der islamischen Welt lag. Heute sind die Koreaner vorne, und das alles ist für die Muslime sehr schmerzhaft und sehr beunruhigend«.

Dieser Rückstand zum Rest der Welt ist der Grund für die permanente Neigung zum Beleidigtsein und zu gewaltsamen Ausbrüchen und er erklärt einige Widersprüche. Einerseits, sagt Lewis, hat »der Islam eine sehr klare Meinung zum Selbstmord: Er gilt als Todsünde«, und der Selbstmörder kommt in die Hölle. Andererseits sei inzwischen die Mehrheit der islamischen Rechtsgelehrten »zu der Einsicht gelangt, dass kein Suizid besteht, wenn sich einer für die islamische Sache in den sicheren Tod begibt und eine signifikante Anzahl Feinde mit sich reißt«. Der Wahabaismus, der heute den Ton angibt, sei »sehr extrem, sehr gewalttätig, sehr intolerant und sehr untypisch für den Islam«.

So gilt für den Islam das Gleiche wie für den Kommunismus. Es kommt nicht darauf an, was Bebel, Lassalle und Marx gemeint, sondern was Lenin, Stalin, Mao, Enver Hodscha und Walter Ulbricht daraus gemacht haben.

Ein Punkt, der im Westen immerzu vernachlässigt wird, sagt Salman Rushdie, sei der, dass der islamische Terror viel mit verletzter Männerehre zu tun hat. »Das abendländisch-christliche Weltbild bewegt sich zwischen den Begriffen Schuld und Erlösung, ein Konzept, das im Orient völlig unwichtig ist, schon weil es keine Erbsünde und keinen Erlöser gibt. Dafür gibt es das große Gewicht der ›Ehre‹ ... Sicher aber wird unterschätzt, wie vielen Islamisten es bewusst oder unbewusst darum geht, verletzte Ehre wiederherzustellen.«

Nimmt man das, was Wissenschaftler wie Lewis und säkulare Moslems wie Rushdie sagen, wörtlich, muss man sich fragen, ob man sich wirklich mit den Motiven von Menschen befassen muss, die davon überzeugt sind, dass sie im Paradies von 72 (oder sind es 77?) Jungfrauen erwartet werden, und welchen Sinn es hat, einen Dialog mit Menschen zu suchen, die allen Ernstes die Frage diskutieren, ob völlige Nacktheit beim ehelichen Verkehr die Ehe ungültig macht.

Das ist kein Witz und kein Relikt aus der moralischen Asservatenkammer von Königin Viktoria, sondern ein Problem, das an der renommierten islamischen Al-Azhar-Universität in Kairo ausgiebig diskutiert wird. Man kann eine solche Diskussion auch als einen Versuch verstehen, sich einem pikanten Gegenstand unter einem sauberen Vorwand zu nähern, eine Art von pornografischer Ersatzhandlung. Was nichts an der Erkenntnis ändert, was das Hauptproblem der islamischen Männer ist: Es ist nicht die Unmoral der Europäer oder die Besetzung Palästinas, es sind nicht die Mohammed-Karikaturen in »Jyllands-Posten« oder die Nackten in den Uffizien, es sind nicht Unwissen, Unbildung und Unterdrückung in ihren Ländern, es ist die »Verbitterung« darüber, dass sie nie die Gelegenheit haben werden, Pamela Anderson auch nur mit der Spitze des kleinen Fingers zu berühren. Das trifft zwar auch auf die meisten europäischen Männer zu, die »Bay Watch« schauen, aber die wissen wenigstens, dass Pamela Anderson ein Fantasieprodukt ist. Die moslemischen Männer, die sich auf 72 Jungfrauen im Jenseits freuen, wissen es nicht, weil sie nie gelernt haben, zwischen Wunsch und Wirklichkeit zu unterscheiden.

Nach einer Google-Trend-Auswertung frequentieren Moslems besonders häufig Sex-Sites im Internet. Unter den Top-Ten-Nationen waren gleich sieben moslemische Staaten: Pakistan auf Platz eins, Ägypten auf Platz zwei, Iran auf Platz vier, Marokko auf Platz sechs, Indonesien auf Platz sieben, die Türkei auf Platz acht und Saudi-Arabien auf Platz neun. Vietnam belegte den dritten Rang, Indien den fünften, und Polen den zehnten.

Überraschend sind solche Statistiken nur für jemand, der daran glaubt, dass unter dem Schleier die Tugend wohnt und nicht die Verzweiflung. Würde Wilhelm Reich heute »Die Massenpsychologie des Faschismus« schreiben, er würde den Zusammenhang zwischen sexueller Repression und Politik in islamischen Gesellschaften untersuchen, wo die Sexualwissenschaft keine Disziplin ist, die besonders gefördert wird. Wenn sich ein Moslem dennoch mit Fragen der Sexualkultur und Sexualpolitik beschäftigt, dann kann man davon ausgehen, dass er es aus sicherer Distanz tut, die den Blick zwar schärft, aber den Zugang zu empirischen Daten erschwert.

Ishtiaq Ahmed, Professor für Politische Wissenschaft an der Universität von Stockholm, hält die Google-Auswertung nur in einem Punkt für fragwürdig: was die Rangfolge der Staaten angeht. Sowohl in Pakistan wie in Ägypten sei der Zugang zum Internet relativ leicht. Wäre dies auch in Saudi-Arabien und im Iran der Fall, würden diese beiden die Liste anführen. Allen moslemischen Ländern gemeinsam sei dagegen die »Segregation« der

Gesellschaft. »Wo Männer und Frauen voneinander fern gehalten werden, verschwindet Sex nicht aus ihrem Leben, sondern steigt ihnen zum Kopf und bleibt dort. Hätte Gott gewollt, dass sexlose Wesen die Welt bevölkern, hätte er Engel zur Erde geschickt und die Menschen im Paradies behalten.«

Ishtiaq Ahmed nennt eine Reihe von Gründen für die Rückständigkeit der moslemischen Gesellschaften, die mit der herrschenden Moral zu tun haben. »Wenn wir unsere Auffassung von Sexualität modernisieren und humanisieren würden, wären wir in der Lage, unsere Energien produktiv und kreativ einzusetzen. Indem wir es nicht tun, züchten wir Frustrationen, die sich in Extremismus und Terrorismus entladen. Ja, ich glaube, dass es eine sozio-sexuelle Grundlage gibt für den gegenwärtigen Aufschwung von Extremismus und Terrorismus in der moslemischen Welt.«

Mit dieser Überzeugung steht Ahmed ziemlich allein da – in einer Gesellschaft, die von ihrer moralischen Überlegenheit überzeugt ist und voller Verachtung auf den dekadenten Westen schaut, wo die Frauen unverschleiert herumlaufen, allein in die Disco und nicht unberührt in die Ehe gehen.

Wo der Wunsch der Vater des Gedankens ist, da wird nicht zwischen Fakten und Fiktionen unterschieden, da ist auch der Unterschied zwischen Lüge, Notlüge und Wahrheit aufgehoben. Was haben wir über den irakischen Propagandaminister Mohammed Said al-Sahaf gelacht, als er vor laufenden Kameras von den Siegen der irakischen Armee gegen die amerikanischen Aggressoren berichtete, während hinter ihm schon die amerikanischen Panzer vorbeirollten. Nicht minder komisch agiert heute die Hamas, die zwar ihre Angestellten und ihre Stromrechnung nicht bezahlen kann, dennoch der EU, den UN, den Amis und dem Rest der Welt die Bedingungen diktieren will, unter den sie eventuell zu einem befristeten Waffenstillstand mit Israel bereit wäre. Von einem »Realitätsverlust« zu sprechen, wäre schon deswegen unangebracht, weil die Hamas noch nie im Zustand der Realität war.

Die Pose funktioniert nur deswegen, weil ihr mit der Drohung von Terror Nachdruck verliehen wird. Und weil vielen die präventive Kapitulation vor dem Terror als die richtige Antwort auf den »totalitären Utopismus« erscheint, den die Terroristen predigen. »Der Terror wird heute ja nicht um seiner selbst willen ausgeübt, sondern im Namen einer Ideologie, die man Nazi-Islamismus nennen könnte«, sagt der rumänisch-amerikanische Schriftsteller Norman Manea; der einzige Unterschied sei der, »dass diese Ideologie sich auf eine Religion beruft, die Nazis dagegen waren mythisch, ohne religiös zu sein«. Manea spricht von einem »Dritten Weltkrieg«, der bereits begonnen habe. »Die Europäer zögern – wie schon in den dreißiger Jahren – die Wahrnehmung hinaus, welch ungeheure Tragödie sie erwartet, ja eigentlich schon da ist.«

Die Bereitschaft zur Selbsttäuschung und zum Selbstbetrug ist schier grenzenlos. Ende Juni 2006 meldeten alle deutschen Zeitungen eine Sensation – die Hamas sei zu einer Anerkennung Israels bereit. Grundlage der Meldung war nicht etwa eine verbindliche Erklärung des regierenden Hamas-Ministerpräsidenten oder ein Beschluss des palästinensischen Parlaments, sondern ein »Dokument«, das in israelischer Haft einsitzende Palästinenser erarbeitet hatten, um die »nationale Einheit« zwischen den sich bekämpfenden Gruppen von Hamas und Fatah wieder herzustellen. »Hamas erkennt Israel indirekt an«, titelte die »Welt«. »Hamas will Israel offenbar anerkennen«, las man in der »Süddeutschen«. »Die Hamas lenkt ein – Indirekte Anerkennung Israels«, schrieb die »Frankfurter Allgemeine«. »Hamas: Israel existiert ... irgendwie«, sinnierte die »taz«. »Anerkennung Israels mitten in der Krise«, freute sich die »Frankfurter Rundschau«, die Jerusalemer Korrespondentin des Blattes sprach von einem »Manifest für einen Staat in den Grenzen von 1967, was sich als indirekte Anerkennung Israels verstehen lässt«. Noch weiter ging die »Berliner Zeitung«. »Hamas erkennt Israel an«, im dazugehörigen Kommentar war von einer »Einsicht in die Notwendigkeit« die Rede und davon, dass die Hamas sich »mit Israels Existenz« abfindet und eine »Zwei-Staaten-Lösung« akzeptiert.

Zumindest die letzte Unterstellung war nicht ganz aus der Luft gegriffen. Hamas zeigte sich bereit, zwei palästinensische Staaten zu akzeptieren, einen in den seit 1967 besetzten Gebieten und einen auf dem Gebiet Israels in den Grenzen von 1967. Eine »Anerkennung« des zionistischen Gebildes, wie »indirekt« sie auch erfolgen sollte, wurde in dem »Dokument der Gefangenen« nicht einmal angedeutet.

Sie existierte nur in der Phantasie der Kommentatoren. Zum Glück waren es verschiedene Sprecher der Hamas, die bald darauf Klarheit herstellten: die Hamas denke nicht daran, Israel anzuerkennen, weder direkt noch indirekt, sie sei zudem entschlossen, den bewaffneten Kampf für die Befreiung Palästinas fortzusetzen.

Das Wunschdenken der Europäer entspringt ihrem Selbsterhaltungstrieb. Sie nehmen die Wirklichkeit wahr, schalten aber einen Filter dazwischen, einen Weichzeichner, was kurzfristig durchaus vernünftig ist, um nicht gleich von der Klippe springen zu müssen.

Das Berliner Büro der »Deutschen Sektion der Internationalen Ärzte für die Verhütung des Atomkrieges« hat ein Papier veröffentlicht, in dem die Folgen eines amerikanischen Atomschlags gegen den Iran beschrieben werden: Mehr als zwei Millionen Menschen würden in den ersten 48 Stunden sterben, eine Million würde schwere Verletzungen erleiden. Zehn Millionen würden verstrahlt. Nur eine Frage wurde in dem Papier weder gestellt noch beantwortet: Was wären die Folgeschäden eines iranischen Atomschlages?

Diese Frage will man sich nicht stellen, und das hat einen guten Grund: Weil niemand weiß, wie man einen iranischen Atomschlag verhindern, wie man überhaupt auf die Politik der Iraner Einfluss nehmen könnte, während im Falle der amerikanischen Regierung eine sehr kleine, aber doch reale Möglichkeit besteht, sie durch öffentlichen Druck in die eine oder andere Richtung bewegen zu können. Gegenüber demokratischen Regierungen hat man immer eine Chance, gegenüber Diktaturen hat man keine. Das wissen auch die Friedensfreunde, deren Demonstrationen sich gegen Amerikas Pläne, den Iran anzugreifen, richten und nicht gegen die Politik der Mullahs. Sie sind nicht auf einem Auge blind, wie ihnen oft vorgeworfen wird, im Gegenteil, sie haben einen klaren Blick auf das ganze Geschehen. Und sie freuen sich wie Kinder, die in einem Schokoladen-Ei eine Überraschung finden. »Friedenssignal aus Teheran«, jubelte die »Berliner Zeitung« Anfang Juni, als der Iran einen der vielen Kompromissvorschläge der EU nicht gleich abgewiesen, sondern erklärt hatte, man werde ihn »ernsthaft in Betracht ziehen«. In einer Situation, die aussichtslos ist, in der man nichts machen kann, bringt es Erleichterung, sich wenigstens etwas vorzumachen.

Die deutsche Sektion der weltweiten Friedensbewegung pax christi hat im Februar 2006 ein Positionspapier »zum Streit um die Mohammed-Karikaturen, zu dem drohenden Irankrieg und den Aufgaben von pax christi« veröffentlicht. Darin wird gleich zu Anfang die Frage gestellt: »Was hat der drohende Irakkrieg mit dem Karikaturenstreit zu tun?«, und so beantwortet: »Wer eine Deeskalation anstrebt, muss ebenfalls die Wechselwirkung der Konflikte betrachten, aber auch ihre unterschiedlichen Hintergründe, um zu erkennen, wo die Chancen zur Versachlichung, zum Brückenbau und zu friedlichen Lösungen liegen.« Im Klartext: Wer einen Krieg gegen den Iran vermeiden will, der darf die Mohammed-Karikaturen nicht hinnehmen.

Das Pax-christi-Papier ist ein sehr schönes Beispiel für die Ratlosigkeit, die nach einem Ausweg aus der No-win-

Lage sucht. Man wolle den »Konflikt um die Mohammed-Karikaturen ... versachlichen und Wege der Verständigung zwischen den Kulturen ... eröffnen. Vorrangig wenden wir uns dabei an die Menschen und Institutionen unserer deutschen Gesellschaft. Wir wollen hier Einfluss nehmen und tun dies zunächst mit einer öffentlichen Positionierung« – was insofern sinnvoll aus, als pax christi keine Gelegenheit hat, sich in einem der Länder öffentlich zu positionieren, in denen dänische Fahnen nur zu dem Zweck hergestellt werden, damit man sie gleich nach dem Kauf verbrennen kann.

Es steht nichts grundsätzlich Falsches in dem Papier (»Karikaturen sind mehrdeutig, ... das Regime im Iran nutzt die Konfrontation derzeit für seine Zwecke im Atomstreit ...«), wenn man davon absieht, dass alle Versuche, einen »Dialog« zu inszenieren, immer in einer Selbstanklage enden: »Wie ›zivilisiert‹ sind die Machtstrategien der westlichen Wirtschaft und Politik? Wie menschenwürdig ist der Krieg gegen den Terror? Wie gewaltfrei der Export der westlichen (Kommerz-)Kultur und ihr Dominanzanspruch weltweit? Wir haben keinen Grund zur Überheblichkeit. Politischer und interkultureller Dialog wird auch durch Glaubwürdigkeit und die Bereitschaft zur Selbstkritik gefördert.«

Ein wenig frustrierend dabei ist nur, dass die Gegenseite keine Bereitschaft zur Selbstkritik zeigt und sich nicht einmal fragt, wie »menschenwürdig« der Terror ist, den sie praktiziert. So er überhaupt wahrgenommen wird, wird er klein geredet und als atypisch für den Islam abgehakt. Die Hand, die pax christi zur Verständigung ausstreckt, bleibt in der Luft hängen – wie ein Trapezartist, der an seiner Fangleine hin und her schwingt, ohne den Boden zu berühren. »Der Westen muss erkennen, dass er die Staaten und Nationen der Welt nicht nach seinen Vorstellungen dominieren kann.« Als Erstes sollte der Westen »Verhandlungsangebote zur atomaren Abrüstung und zum Abbau umweltschädlicher Emissionen« machen, also dafür sorgen, dass das Klima besser wird, bevor die Mullahs ihrerseits für eine Verschlechterung desselben sorgen.

Unterhalb dieser globalen Ebene müsste natürlich auch einiges unternommen werden, um die Deeskalation voranzutreiben. Man wolle »den interkulturellen und interreligiösen Dialog verstärken«, ein »größeres Verständnis für religiöse Gefühle in unserer säkularisierten Gesellschaft wecken«, die »christlich-islamische Friedensarbeit stärken und ausbauen«, eine »Aufarbeitung der Skandale im Anti-Terror-Kampf einfordern« und die »Idee einer Konferenz für Sicherheit und Zusammenarbeit im Nahen und Mittleren Osten vorantreiben«. Der Westen ist gefordert – von der Möglichkeit, dass auch die Moslems etwas zur Klimaverbesserung beigetragen könnten – Abschaffung der Scharia, Einführung demokratischer Spielregeln und so weiter – ist keine Rede, denn erstens wären solche Forderungen nur Ausdruck westlicher Arroganz und zweitens würden sie die Moslems unweigerlich zu weiteren Gewaltakten provozieren. Also bleibt es dabei: Was müssen *wir* tun, damit *sie* uns in Ruhe lassen?

Eine Möglichkeit, von der die Europäer gerne und ausgiebig Gebrauch gemacht haben, ist die, Lösegeld zu zahlen. Sie haben die PLO und die korrupte PA finanziert, und sie würden es gerne weiter mit der Hamas tun, wenn diese nur ein wenig Entgegenkommen zeigen und darauf verzichten würde, Israel aus Palästina verjagen zu wollen, zumindest offiziell.

Eine andere Möglichkeit, die man alternativ oder additiv zur ersten praktizieren kann, ist die, sich als Bündnispartner anzubieten. Die Friedensbewegung, deren Wortführer ihr Birchermüsli gerne in atomwaffenfreien Wohnküchen zu sich nahmen und »Atomkraft – nein, danke!«-Sticker auf ihre Fahrräder klebten, demonstriert inzwischen für das Grundrecht des Iran, Uran anreichern zu dürfen.

Eine internationale Schwulen- und Lesbengruppe namens QUIT! (Queers Undermining Israeli Terrorism) ruft zu einem Boykott der Pride Parade in Jerusalem auf, weil Israel die Stadt 1948 und 1967 widerrechtlich annektiert hat – ohne auch nur eine Sekunde darüber nachzudenken, wie eine Pride Parade in Jerusalem aussehen würde, wenn die Araber die Stadt erobert hätten.

Der Deutsche Freidenker-Verband, eine eher betuliche Organisation in den Kulissen der Zivilgesellschaft, ruft zu einer Demo gegen den Besuch von George W. Bush in Mecklenburg-Vorpommern auf. »Er ist nicht unser Gast! – Kriege beenden! Kriegsplanungen stoppen!« Die Bevölkerung soll auf »weitere blutige Kreuzzüge« im Interesse der imperialistischen Mächte vorbereitet werden. »Nach der antirussischen und antiserbischen Hetze steht jetzt die antiarabische und antimuslimische Hetze auf dem Programm.« Aber das wird der Deutsche Frei-

denker-Verband nicht zulassen und fordert den »sofortigen Abzug der Besatzungstruppen aus Irak, Afghanistan
und Palästina« sowie die »vollständige atomare Abrüstung Israels«, dazu »Freiheit für alle politischen Gefangenen weltweit«, denn: »Widerstand ist kein Terrorismus!«

Von Offenbach aus betrachtet, wo der Vorstand des
Deutschen Freidenker-Verbandes seinen Sitz hat, sind die
Terroranschläge im Irak und in Israel Widerstand gegen
die Besatzung. So sieht es auch die Antiimperialistische
Koordination (AIK) in Wien, die Geld für den »irakischen
Widerstand« sammelt und sich darüber freut, dass auf einer »Konferenz gegen Globalisierung, Imperialismus
und Zionismus« in Kairo das Recht das palästinensischen Volkes auf »Widerstand gegen die Korruption und
den Ausverkauf der unveräußerlichen nationalen Rechte
der Palästinenser« bekräftigt wurde.

So wie jeder Dammbruch mit winzigen Haarrissen anfängt, so rücken pathologische Ideen von den Rändern
der Gesellschaft in ihr Zentrum vor. Der Antiamerika-
nismus war vor 20 Jahren eine marginale Erscheinung
im »Anti-Impi«-Milieu. Heute gehört er zum politischen
Mainstream. Auch die Vorstellung, dass man sich beizei-
ten mit dem Islam arrangieren sollte, ist längst in der Mitte angekommen. Zuletzt hat Oskar Lafontaine, immerhin
einmal Vorsitzender und Kanzlerkandidat der SPD,
»Schnittmengen zwischen linker Politik und islamischer
Religion« ausgemacht. In einem Interview mit dem
»Neuen Deutschland« sagte er: »Der Islam setzt auf die
Gemeinschaft, damit steht er im Widerspruch zum über-

steigerten Individualismus, dessen Konzeption im Westen zu scheitern droht. Der zweite Berührungspunkt ist, dass der gläubige Moslem verpflichtet ist zu teilen. Die Linke will ebenso, dass der Stärkere dem Schwächeren hilft. Zum Dritten: Im Islam spielt das Zinsverbot noch eine Rolle, wie früher auch im Christentum. In einer Zeit, in der ganze Volkswirtschaften in die Krise stürzen, weil die Renditevorstellungen völlig absurd geworden sind, gibt es Grund für einen von der Linken zu führenden Dialog mit der islamisch geprägten Welt.«

Lafontaine forderte den Westen zur Selbstkritik auf (»Wir müssen uns immer fragen, mit welchen Augen die Muslime uns sehen«) und äußerte Verständnis für die »Empörung« der Muslime: »Die Menschen in den islamischen Ländern haben viele Demütigungen erfahren – eine der letzten ist der Irakkrieg. Es geht um den Rohstoff-Imperialismus.«

Lafontaine ließ bei seinen Schnittmengen-Betrachtungen einen wichtigen Punkt unbeachtet: Wie lange er es ohne seinen geliebten Sancerre aushalten würde, wenn es wirklich zu einer Vereinigung von linker Politik und islamischer Religion käme. Der Dialog, den er mit der islamisch geprägten Welt führen wollte, hätte bei Fruchtsaft und Mineralwasser stattfinden müssen.

Dass ein überzeugter Sozialist mit dem Islam liebäugelt, ist nur auf den ersten Blick inkohärent. Denn es geht nicht um Inhalte – Sozialismus und Islam sind so kompatibel wie freie Liebe und Katholizismus – es geht um die Attitüde. Salonrevoluzzer, Weltveränderer und Utopisten waren immer für autoritäre und totalitäre Versuchungen anfällig. Man könnte Bücherschränke füllen mit den Berichten deutscher Schriftsteller wie Lion Feuchtwanger und Egon Erwin Kisch, die in den zwanziger und dreißiger Jahren durch die Sowjetunion gereist sind und nur Gutes gesehen haben. Die Hymnen, die Stephan Hermlin, Anna Seghers, Kurt Barthels, Erich Weinert und Johannes R. Becher auf Stalin geschrieben haben, mögen schlechte Lyrik sein, sie sind allerbeste Propaganda. »Es wird ganz Deutschland einstmals Stalin danken/ in jeder Stadt steht Stalins Monument/ dort wird er sein/ wo sich die Reben ranken/ und dort in Kiel erkennt ihn ein Student...«

Natürlich geht es auch eine Nummer kleiner. Franz Xaver Kroetz schaute sich wohlwollend in Nicaragua um, Hans Magnus Enzensberger in Kuba, Simone de Beauvoir war von Maos China sehr angetan. Doch wenn man wissen will, wozu ein kritischer Geist imstande ist, muss man Luise Rinsers »Nordkoreanisches Reisetagebuch« lesen, eine tiefe Verbeugung vor dem Diktator Kim Il Sung und seinem Regime. Westdeutsche Jungsozialisten und Friedensfreunde bekamen feuchte Augen vor Rührung, wenn sie von ihren Begegnungen mit »Rais« Arafat in seinem urgemütlichen Führer-Hauptquartier erzählten. Das »zentrale Problem der heutigen deutschen Intellektuellen«, schreibt der Islamologe Bassam Tibi, sind ihre »illiberalen Haltungen, die darauf abzielen, anderen zu verbieten, was sie sich selbst verboten haben, nämlich das freie Denken«.

Und nun taucht eine neue Verführung am Horizont der Utopien auf: der Islam. Ein einfaches, überschaubares System, das dennoch die Lösung vieler Probleme anbietet. Zinsverbot statt Zinsknechtschaft, Gemeinschaft statt Individualismus, Teilen statt Abkassieren. Freilich: Wäre dem so, müsste Saudi-Arabien das soziale Paradies und nicht das reaktionärste System auf dem Globus sein.

Aber das ist ja noch Osama Bin Laden, und der hat Sex-Appeal. Wie er da vor seiner Höhle sitzt und den USA mit sanfter Stimme den Krieg erklärt, wie er den Feinden des Islam mit Vernichtung droht und Anschläge ankündigt – irgendwie *cool* der Mann, eine Mischung aus Müntzer, Störtebeker und Che Guevara. Es gibt schon T-Shirts mit seinem Konterfei, bald wird es auch Osama-Teetassen und Kühlschrank-Magneten geben. Klar, er ist ein Killer, aber er hat auch Charisma. Und vor allem: Er ist der Gegenpol zu allem, was die westliche Zivilisation ausmacht, der Urschrei des Archaischen. Da gibt es keine Debatten und keine Diskurse, keine Mehrheiten und keine Minderheiten, keinen Vermittlungsausschuss und kein Misstrauensvotum. Sein Wort ist Gesetz. So würde Oskar Lafontaine auch gerne regieren.

Für viele entortete Linke, die seit dem Zusammenbruch der Sowjetunion wie Ahasver durch die Geschichte irren, ist der Islam der letzte Strohhalm, an den sie sich klammern, eine Gelegenheit, es »dem System« heimzuzahlen. Es fragt sich nur: wofür? Was ist so schlecht an dem System? Es hat sich als enorm flexibel und lernfähig erwiesen. Statt seine Feinde auszugrenzen, hat es sie integriert und korrumpiert. Ein ehemaliger Straßenkämpfer konnte Außenminister werden und nach nur sieben Jahren Amtszeit ein Haus in Berlins bester Gegend beziehen. Ein ehemaliger Terroristenanwalt wurde Innenminister und oberster Hüter der Verfassung, leitende Stasi-Mitarbeiter bekamen die Chance, sich als Hobby-Köche und Schriftsteller zu resozialisieren. Sogar Angehörige der bildungsfernen Schichten, die Shakespeare für eine Biersorte halten, finden eine soziale Nische, in der sie mit ihrem Unwissen punkten können.

Die Stärke des Systems ist auch seine Schwäche. Es ist langsam, es ist schwerfällig, es ist umständlich. Es ist nicht elegant, nicht effektiv, nicht sexy. Der Islam dagegen hat Tempo, Stil und Autorität. Dort Lawrence von Arabien hoch zu Ross, hier der brave Soldat Schwejk auf dem Fahrrad.

Mogens Glistrup hatte die richtige Idee, nur dreißig Jahre zu früh. Jetzt wäre die Zeit, den Anrufbeantworter zu aktivieren und zu besprechen. Auf Arabisch.

5. Auflage
© 2006 wjs verlag, Wolf Jobst Siedler jr., Berlin

Alle Rechte vorbehalten,
auch das der fotomechanischen Wiedergabe

Schutzumschlag: Dorén + Köster, Berlin
Satz: Dorén + Köster, Berlin
Druck und Bindung: Ebner & Spiegel, Ulm
Printed in Germany
ISBN 3-937989-21-8

www.wjs-verlag.de